U0594042

丝路物语 书系

主编 李炳武

安阳博物馆

殷邺彰德
千古凤

本册主编 周 伟

西安出版社

图书在版编目（CIP）数据

殷邺彰德千古风 ：安阳博物馆 / 周伟主编. — 西安：
西安出版社，2021.12（2024.4重印）
ISBN 978-7-5541-5762-6

Ⅰ．①殷… Ⅱ．①周… Ⅲ．①博物馆-历史文物-介
绍-安阳 Ⅳ．①K872.613

中国版本图书馆CIP数据核字(2021)第236766号

殷邺彰德千古风

安阳博物馆

YINYE ZHANGDE QIANGUFENG
ANYANG BOWUGUAN

主　编：周　伟

出 版 人：屈炳耀
策划编辑：李宗保　张正原
项目统筹：张正原
责任编辑：邵鹏飞
美术编辑：李　坤
责任印制：尹　苗
出版发行：西安出版社
社　　址：西安市曲江新区
　　　　　雁南五路1868号影视演艺大厦11层
电　　话：（029）85253740
邮政编码：710061

印　　刷：三河市华东印刷有限公司
开　　本：787mm×1092mm　1/16
印　　张：13.25
字　　数：110千
版　　次：2021年12月第1版
印　　次：2024年4月第2次印刷
书　　号：978-7-5541-5762-6
定　　价：78.00元

如有印刷、装订问题，本社负责另换。

阅读文物 拥抱文明

郑欣淼

文物所折射出的恒久魅力，已为越来越多的人所认识。今天呈现在读者面前的这部"丝路物语"书系，就是这一魅力的具体体现。

"让收藏在博物馆里的文物、陈列在广阔大地上的遗产、书写在古籍里的文字都活起来。"（习近平语）党的十八大以来，习近平总书记担负着实现中华民族伟大复兴的历史重任，饱含着对传统文化的深厚感情，让文物活起来始终为其所关注、所思考。让文物活起来，就是深入挖掘文物的内涵，充分发挥文物的作用。中国文物是中华民族的文明印记和精神标识，是全体中国人乃至全人类的珍贵财富；它对于激发人民群众对中华优秀传统文化的了解、认同和热爱，坚定文化自信，汇聚发展力量等作用是不言而喻的。

近年来，一些优秀的文物类书籍、综艺节目、纪录片、文化创意产品等不断涌现，文化遗产元素成为国家外交的桥梁，文物逐渐成为"网红"并受到越来越多年轻人的青睐，这些都充分彰显着"让文物活起来"已逐渐从理念转化为行动，那些在历史长河中积淀下来的文物珍存正在不断走近百姓、融入时代、面向世界。

　　说到文物，不能不把眼光聚焦于丝绸之路。人类社会交往的渴望推动了世界文明间的相互交融和渗透，中华文明与亚、欧、非三大洲的古代文明很早就发生接触，相互影响，相互交流。直到 1877 年，德国地理学家李希霍芬在他的著作《中国——我的旅行成果》里首次提出了"丝绸之路"的概念。近半个世纪以来，随着丝绸之路考古发现和学术研究的不断深入，极大地开阔了人们的视野。特别是"一带一路"倡议的全面推进，丝绸之路研究更成为国际显学。在古代文明交流史上，丝绸之路无疑是极其璀璨的一笔。它承载着千年古史，编织着四方文明。也正因为丝绸之路无与伦比的历史积淀，形成了独特的历史文化遗产，其数量之大、等级之高、类型之丰富、序列之完整、影响之深远，都是世所公认的。神秘悠远的古代城址、波澜壮阔的长城关隘烽燧遗址、精美绝伦的艺术品、气势磅礴的帝王陵墓、灿若星辰的宫观寺庙、瑰丽壮美的石窟寺……数不清道不尽的文物珍宝，足以使任何参观者流连忘返，叹为观止。2014 年，"丝绸之路：长安—天山廊道的路网"成功跻身《世界文化遗产名录》，使丝绸之路迎来了新的历史机遇，也对广大文化文物工作者提出了新的要求。

　　"让文物说话，把历史智慧告诉人们。"这是习近平总书记的谆谆嘱托。中华文化优雅如斯，如何让文物说话，飞入寻常百姓家，是当下无数文化界人士亟待攻坚的课题，亦是他们光荣的使命。客观来讲，丝绸之路方面的论著硕果累累，但从一般读者角度，特别是从当下文化与旅游结合角度着眼的作品不多，十分需要一套全面系统地介绍丝绸之路文物故事的读物。令人欣喜的是，西安出版社组织策划了这套颇具规模的"丝路物语"书系，并由李炳武先生担任主编，弥补了这一缺憾。李炳武先生曾经长期在文物文化领域工作，也主持过"中华国宝·陕西珍贵文物集成""长安学丛书"和《陕西文物旅游博览》等大型文物类图书的编纂工作，得到了业界的充分肯定；加之丛书的作者都是有专业素养的学者，从而保证了书稿的质量。

如何驾驭丝绸之路这样一个纵贯远古到当今、横贯地中海到华夏大地的话题，对于所有编写者来说，都是具有挑战性的。这套书的优点或者说特点，可以概括为以下几个方面：

这套书最大的一个优点，就是大而全。从宏观的视野，用简明的线条，对陆上丝绸之路的博物馆、大遗址进行了全景式梳理，精心遴选主要文物，这些国宝的历史、艺术和科学价值在字里行间一一呈现。

丝绸之路义化遗产类型丰富，作者在文中并没有局限于文物本身的解读，还根据文物的特点做了大量的知识拓展，包括服饰的流变，宗教的传播，马匹的驯化，葡萄等水果的东传，纸张的发明和不断改进，医学的发展，乐器、绘画、雕刻、建筑、织物、陶瓷等视觉艺术的交互影响，等等。其中既有交往的结果，也有战争的推动。总体而言，这些内容是讲述丝绸之路时所不可或缺的内容，使读者透过文物认识了丝绸之路丰富的文化内涵。

值得称道的是，这套书采取探索与普及相结合的方式，图文并茂，力求避免学究气的艰涩笔调，加入故事性、趣味性，使文字更具可读性，达到雅俗共赏的目的。通过图书这一载体，能够使读者静静地品味和欣赏这些文物，传达出对历史的沉思和感悟，完善自己对文物、丝绸之路和文化的认知。读过这套书后，相信读者都会开卷有益，收获多多，文物在我们眼中也将会是另一番面貌。

我们有幸正处于坚持以人民为中心的改革发展伟大时代，每一件文物，都维系着民族的精神，让文物活起来，定会深入人心、蔚为大观。此次李炳武先生请我写序，初颇踌躇，披卷读来，犹如一场旅行，神游历史时空之浩渺无垠，遐思华夏文化之博大精深。兼善天下，感物化人历来是每一个中国知识分子的精神所属，若序言能为一部作品锦上添花，得而为普及民众的文物保护意识起到促进作用，何乐而不为？

是为序。

· 郑欣淼 ·
原中国文化部副部长、故宫博物院原院长、中华诗词学会会长、著名历史文化学者。

丝路物语话沧桑

李炳武

2013 年 9 月，中国国家主席习近平访问哈萨克斯坦时，在纳扎尔巴耶夫大学发表演讲，首次提出共同构建"丝绸之路经济带"的宏伟倡议。2014 年 6 月，"丝绸之路：长安 — 天山廊道的路网"成功跻身《世界文化遗产名录》。

丝绸之路是世界上路线最长、影响最大的文化线路。丝绸之路是指起始于古代中国的政治、经济、文化中心 — 古都长安（今西安）连接亚洲、非洲和欧洲的古代陆上商业贸易路线。它跨越陇山山脉，穿过河西走廊，通过玉门关和阳关，抵达新疆，沿绿洲和帕米尔高原通过中亚、西亚和北非，最终抵达非洲和欧洲，向南延伸到印度次大陆。这条伟大的道路沟通了中国、印度、希腊三大文明，全长一万多千米。它是一条东方与西方之间经济、政治、文化进行交流的主要道路，促进了欧亚大陆不同国家、不同文明之间在商贸、宗教、文化以及民族等方面的交流与融合，为人类社会的共同发展和繁荣做出了卓越贡献。

公元前 138 年，使者张骞受汉武帝派遣从陇西出发，出使月氏。13 年中，他的足迹踏遍天山南北和中亚、西亚各地。在随后的 2000 多年间，无数商贾、旅人沿着张骞的足迹，穿越驼铃叮当的沙漠、炊烟袅袅的草原、飞沙走石的戈壁，来往于各国之间，带来了印度、阿拉伯、波斯和欧洲的玻璃、红酒、马匹，宗教、科技和艺术，带走了中国的丝绸、漆器、瓷器和四大发明，举世闻名的丝绸之路渐渐形成。

用"丝绸之路"来形容古代中国与西方的文明交流，最早出自德国著名地理学家李希霍芬1877年所著的《中国——我的旅行成果》一书。由于这个命名贴切写实而又富有诗意，很快得到学术界的认可，并风靡世界。

近年来，丝绸之路迎来了新的历史机遇，沿丝绸之路寻访探秘的人络绎不绝。发展丝路经济，研究丝路文明，观赏丝路文物成了新时代的社会热潮。中央文化产业发展专项资金资助项目"丝路物语"书系，便应运而生。在本书和读者见面之际，作为长安学研究者、"丝路物语"书系的主编，就该书的选题范围、研究对象、编写特色及意义赘述于下：

"丝路物语"书系，以"丝绸之路：长安—天山廊道的路网"遗产及相关博物馆为选题范围。该遗产项目的线路跨度近5000千米，沿线包括了中心城镇遗迹、商贸城市、聚落遗迹、交通遗迹、宗教遗迹和关联遗迹五类代表性遗迹以及沿途丰富的特色地理环境。共计包括三个国家的33处遗产点，其中吉尔吉斯斯坦境内3处，哈萨克斯坦境内8处，中国境内22处。属丝绸之路东段的重要组成部分，在丝绸之路交通与交流体系中具有独特的起始地位和突出的代表性。它形成于公元前2世纪，兴盛于公元6至14世纪，沿用至公元16世纪，连接了东亚和中亚大陆上的中原地区、河西走廊、天山南北与七河地区四个地理区域，分布于今中华人民共和国、哈萨克斯坦共和国和吉尔吉斯斯坦共和国境内。沿线遗迹或壮观巍峨，或鬼斧神工，或华丽精美，见证了欧亚大陆在公元前 2 世纪至公元 16 世纪之间人类文明进步的重要阶段，以及在这段时间内多元文化并存的鲜明特色。

"丝路物语"书系，每册聚焦古丝绸之路上的一座博物馆、一处古遗址或一座石窟寺，力求立体全面地展示丝绸之路上的历史遗存、人文故事和风土人情。这是一套丝绸之路旅游观光的文化指南，从中可观赏到汉代桑蚕基地的鎏金铜蚕，饱览敦煌石窟飞天的婀娜多姿，聆听丝路古道上的声声驼铃。古丝绸之路是人类文明的宝贵遗产，记录着社会的沧桑巨变，这也是一部启封丝路文明的记忆之书。

"丝路物语"书系，以阐释文物为重点。文物是中华民族的精神标识。"让收藏在博物馆里的文物、陈列在广阔大地上的遗产、书写在古籍里的文字都活起来。"这对于激发人民群众对中华优秀传统文化的了解、认同和热爱，坚定文化自信，汇聚发展力量不可小觑。

文物是不可再生的国之珍宝，从中可折射出人类文明的恒久魅力。对文化的认同感与归属感应当成为一种生活状态。我们从梳理丝绸之路沿线博物馆馆藏文物、石窟寺或大遗址为契机，从文化的立场阐释文物的历史意义，每篇文章涵盖了文物信息的描述、历史背景的介绍、文物价值的分享和知识链接等板块，在聚焦视角上兼顾学术作品的思想层与通俗作品的故事层双重属性，清晰地再现文物从物质性到精神性的深层转变，着力探讨文物作为一种精神力量对历史的思考。用时空线索描绘丝绸之路的卓越风华，为读者梳理丝绸之路的文化影响，以文物揭示历史规律，彰显更深层、更本质的文化自信，激发读者的民族自豪感。"丝路物语"书系以文物为研究对象，从中甄选国宝菁华，讲述它们的前世今生。试图让读者从中感受始皇地下军团的烈烈秦风，惊叹西汉马踏匈奴的雄浑奔放，仰慕大唐《阙楼仪仗图》的盛世恢宏，这是一部积淀文化自信的启智之作。

　　"丝路物语"书系，以互动可读为特色。在大众传媒多元数字化的背景下，综合运用现代科技的引进更能推动文化传播的演变进入一个崭新的领域，相契于文字的解读，更透出传统文化的深邃意蕴。为多维度营造文化解读的可能性，吸引更多公众喜欢文物、阅读文物，"丝路物语"可谓设计精良，处处体现出反复构思、创新的态度。设计重点关注视觉交流的层面，借助丰富的图像资料和多媒体技术大幅强化传统文化元素可视、可听、可观的直接特征，有效提升文化遗产多维度的观感效果。古人著书立说重字画兼备，"宣物莫大于言，存形莫善于画"，所以由"图书"一词合称。本书系选用了大量专业文物图片，整体、局部、多角度展示，让读者在阅读文字之余通过精美的图片感受文化的震撼与感动，让读者更好地认知历史、感知经典，体验当代创新之趣。

　　"丝路物语"书系，以弘扬互利共赢的丝路精神为使命。"丝绸之路：长安—天山廊道的路网"在东亚古老的华夏文明中心和中亚历史悠久的区域性文明中心之间建立起长距离的交通联系，在游牧与定居、东亚与中亚等文明交流中具有重要意义，并见证了古代亚欧大陆人类文明与文化发展的主要脉络及若干重要历史阶段以及突出的多元文化特征，是人类进行长距离交通、商贸、文化、宗教、技术以及民族等方面长期交流与融合的文化线路杰出范例。

2000多年前，我们的先辈筚路蓝缕，穿越草原沙漠，开辟出联通亚欧非的陆上丝绸之路。这不仅是一条通商易货之道，更是一条文化交流之路。沿着古丝绸之路，中国将丝绸、瓷器、漆器、铁器传到西方，也为中国带来了胡椒、亚麻、香料、葡萄、石榴。沿着古丝绸之路，佛教、伊斯兰教及阿拉伯的天文、历法、医药传入中国，中国的四大发明、养蚕技术也由此传向世界。更为重要的是，商品和文化交流带来了观念创新。比如，佛教源自印度，却在中国发扬光大，在东南亚得到传承。儒家文化起源于中国，却受到欧洲莱布尼茨、伏尔泰等思想家的推崇。这是交流的魅力，互鉴的成果。这些各国不同的异质文化，犹如新鲜血液注入华夏文化肌体，使脉搏跳动更为雄健有力。古丝绸之路绵亘万里，延续千年，积淀了以和平合作、开放包容、互学互鉴、互利共赢为核心的丝路精神。

新时代、新丝路、新长安。2017年，习近平主席在"'一带一路'国际合作高峰论坛"上指出：古丝绸之路是人类文明的宝贵遗产。为让这些遗产、文物鲜活起来，西安出版社策划出版的"丝路物语"书系，承载着别样的期许与厚望，旨在以丝绸之路的隽永品格对话当代社会的文化建构，以高度的文化自觉唤醒当代社会的文化自信。

我们作为丝绸之路起点长安的文化工作者，更应该饱含对传统文化的深厚感情，自觉担负起实现中华民族伟大复兴的历史重任，充分运用长安学的最新研究成果，为保护、研究和传承人类文明的宝贵遗产尽心尽力，助推"一带一路"伟大事业的蓬勃发展。

精品力作是出版社的立身之本，亦是文化工作者的社会担当。"丝路物语"书系的出版，凝聚着众多写作和编辑人员的思考与汗水。借此，特别感谢郑欣淼部长的热情赐序；感谢策划人、西安出版社社长屈炳耀先生的睿智选题与热情相邀；感谢相关遗址、博物馆领导的支持和富有专业素养的学者和摄影人员的精心创作；更要感谢西安出版社副总编辑李宗保和编辑张正原认真负责、卓有成效的工作。

"丝路物语"书系的出版虽为刍荛之议、管窥之见，但西安出版社聆听时代声音、承担时代使命以及致力于激活文化遗产、传播中国声音的决心定将引领其走向更远的未来。

是为序。

·李炳武·
陕西省文物局原副局长、陕西省文史馆原馆长、"长安学"创始人、陕西师范大学国际长安学研究院首任院长、三秦文化研究会会长、长安学研究中心主任、著名历史文化学者。

目录

丝路物语

安阳博物馆

安阳，古称殷，历史上先后有商朝、曹魏、后赵、冉魏、前燕、东魏、北齐等在安阳建都。这里，历史文化深厚，文物蕴藏丰富，从商周至明清，从甲骨文到瓷文化，文明传承赓续绵延，源远流长。『洹水安阳名不虚，三千年前是帝都』，中原文化殷创始，观此胜于读古书。』盘庚迁殷、文王拘而演《周易》，在几千年的历史长河中，安阳——曾经的帝王之都，早已被注入了中华文明的优秀基因。在这里，一片甲骨惊天下，青铜文明耀古今，除此之外，玉器、陶瓷、古钱币等文物珍藏，无不映射着精深而悠久的殷地文明。

淡黄釉原始青瓷罐

从陶到瓷自此始

原始青瓷是陶器向瓷器过渡阶段的产物，属于瓷器初创阶段的产品，其坚硬耐用、器表有釉不易污染，与陶器已有本质区别，它的创烧和发展为我国瓷器的产生提供了充分的物质准备和技术基础。

该青瓷罐于 20 世纪 50 年代在安阳殷墟遗址出土，现藏于安阳博物馆。青瓷罐口径 15.7 厘米，高 25.4 厘米，侈口，折肩，深腹，弧壁下收，至底内凹。口沿有残缺，器表遍饰方格纹（麻布纹），口沿及肩部施淡黄色釉，釉面光亮、莹润。高岭土作胎，胎骨灰白，质地细腻，烧成温度在 1200 摄氏度左右，吸水性弱，叩之有金属声，已具备了瓷器的基本特征，属于早期原始瓷器。淡黄釉原始青瓷罐对研究中国瓷器的起源有重要价值。

原始瓷器又叫原始青瓷，是陶器发展到最高阶段的产物，系从印纹硬陶发展而来，属于瓷器初创阶段的产品，是瓷器的鼻祖。它由高岭土作胎，器表施石灰釉，经 1200 摄氏度左右的高温烧制而成，胎体呈灰白色，器

淡黄釉原始青瓷罐

商（前1600—前1046）
口径15.7厘米，高25.4厘米
20世纪50年代安阳市殷墟遗址出土

表有玻璃质釉，吸水率较低，敲击时能发出清脆的金属声，与陶器已有本质的区别。但由于烧造工艺的局限，器物胎体厚薄不匀，胎中气孔偏大，杂质较多，薄层不透光，釉色不稳定，胎釉结合欠佳，釉层易脱落，所以具有一定的原始性和过渡性，故称"原始瓷器"。原始瓷器与白陶器和印纹硬陶器相比，有坚硬耐用、器表有釉不宜污染、美观等优点。原始青瓷虽不能与后世精致灿烂的成熟瓷器相比，但它的出现，是中国陶瓷工艺史上一次质的飞跃，为成熟瓷器的发明提供了充分的物质准备和技术基础。

原始瓷器创烧于约 3000 年前的商代中期，最早发现于郑州商代遗址和湖北黄陂盘龙城遗址，在黄河中下游的河南、河北、山西，以及长江中下游地区的湖北、湖南、江西、江苏等商代中期遗址和墓葬中都有出土。原始瓷器的主要生产区域在我国江南地区。

原始瓷器器物类型主要有尊、罍、簋、壶、钵、豆、罐、盒、盘、鼎等盛器，形制有作为礼器的青铜器造型和作为日常生活用品的古陶器造型两类。原始瓷器用高岭土作原料，烧制温度为 1200 摄氏度左右，胎质比较坚硬，颜色多呈灰白色和灰褐色，并有少量胎质为纯白稍黄，吸水性较弱。器表施青釉，釉色深浅不一，以青色最多，并有一些豆绿色、深绿色和黄绿色等。原始瓷器有的外壁和内壁都施釉，有的则是外壁和内壁上部施釉，内部下壁无釉。釉的厚薄也不均匀，并有流釉现象。装饰纹样主要有方格纹、篮纹、叶脉纹、锯齿纹、弦纹、席纹和 S 纹等，并有一些圆圈纹和绳纹。装饰方法主要是刻画和拍印两种，除了刻画和拍印纹饰外，还采用堆塑和贴塑等装饰技法。原始瓷器的成型工艺，在早期多采用泥条盘筑法，到春秋战国时期发展为轮制法。

原始瓷器自商代中期创烧后便得到了不断传承和发展，至春秋战国时期，与商周原始瓷器相比，质量和数量都有了很大提高，分布地区主要集中于长江下游的江苏、浙江、江西一带。原始瓷器成型工艺从泥条盘筑法改为轮制法，因而器型较工整，胎壁减薄，器表可见拉坯成型时留下的螺旋纹，外底留有线割或刀割痕迹。科学分析表明，战国时期窑址出土的原始瓷器，与东汉时期成熟的瓷器相比在化学成分上几乎完全相同，说明它们使用的坯料是相同的。

但是，在战国后期，由于连年不断的兼并战争，使得包括制瓷业在内的手工业生产遭受到巨大的破坏。在众多窑址、墓葬和遗址发掘中，均未发现战国晚期的原始瓷器，其生产突然中断了。秦统一六国后，因遭受战争破坏而中断的原始瓷器生产又得以恢复，在西汉到东汉中期的300多年里，原始瓷器的烧制技术获得了迅速发展，并在东汉中晚期发展为成熟的瓷器。

瓷器与陶器的主要区别

原料不同：陶器用的是陶土，瓷器用的是瓷土，瓷土的主要成分是高岭土，可塑性和耐火性较好。

烧制温度不同：陶器烧制温度通常在700到800摄氏度之间，最高只能达到1100摄氏度；瓷器的烧制温度为1200摄氏度以上，最高可达1400摄氏度。

施釉程度不同：瓷器表层通常施有高温釉，使得器物表面细腻有光泽，陶器一般不施釉，表面粗糙无光泽，即使用釉也是低温釉。

质地不同：陶器由于使用陶土，烧制温度较低，胎体没有完全烧结，所以胎质比较疏松，很容易划出划痕，吸水性强，薄层不透光，敲击时声音低哑沉闷；瓷器因使用高岭土，烧制温度较高，胎体完全烧结，胎质坚实细密，断面基本不吸水，具有薄层透光的特性，敲击时声音清脆响亮。

（王　莉）

兽面纹青铜鼎

商代中期青铜器典范之作

青铜鼎作为古代贵族进行宴飨、祭祀等礼制活动最重要的礼器之一，是古代社会统治阶级制度和权力的标志。这件兽面纹青铜鼎，造型别致，纹饰精美，是研究商代中期青铜鼎形制和兽面纹饰的典型器物。

鼎，煮食器与盛食器，用来烹煮和盛放肉类，大致相当于现在的锅。作为贵族进行宴飨、祭祀等礼制活动最重要的礼器之一，青铜鼎是古代社会统治阶级制度和权力的标志。"鼎"字也被赋予了"尊贵""显赫""盛大"之意，"钟鸣鼎食""一言九鼎""大名鼎鼎"等成语也都反映了鼎与地位、权势的关联。传说夏禹曾收九牧之金铸九鼎于荆山之下，以象征九州。目前发现最早的青铜鼎出土于夏晚期的二里头遗址。鼎的使用时间很长，基本贯穿了整个青铜时代。鼎的形式很多，大体上有圆鼎和方鼎两种：圆鼎两耳三足，方鼎两耳四足。

兽面纹青铜鼎，出土于安阳市郊区三家庄村。1964 年 12 月，河南省

兽面纹青铜鼎

商（前1600—前1046）

口径17.1厘米，腹围46.7厘米，高23厘米，腹深10厘米

1964年安阳市郊区三家庄村出土

安阳市北郊乡三家庄大队社员在平整土地时，发现一个内藏8件青铜器的窖穴。安阳市博物馆闻讯后立即派人前去现场察看，后经发掘鉴定，为商代青铜器。窖穴距地面1米深，穴口为圆形，通体呈袋状，平底，里面整齐地叠放着8件青铜器，叠放顺序不得而知，这件兽面纹青铜鼎就是其中之一。

这件青铜鼎，口径17.1厘米，腹围46.7厘米，高23厘米，腹深10厘米，大口微敛，侈沿，立耳，最大腹径在上部，圆底。锥足中空，外撇。鼎腹饰单层兽面纹三组，上下饰连珠纹，底部有烟炙痕。鼎身锈蚀较严重。X射线无损检测对底部和侧壁做了光透，可见底部有人字形范线，中心旁有三枚较小垫片，底部有三处补铸痕迹。侧壁有较多气孔，以及铸造不均匀、锈蚀造成的孔洞。该鼎造型别致，纹饰精美，相对于二里岗期早商文化的锥足鼎，腹部稍浅，锥足增高，而晚商殷墟时期的锥足鼎又较少见。该鼎兽面纹虽没有殷墟时期繁缛复杂，但也算精美，是研究商代中期青铜鼎形制和兽面纹饰的典型器物。

安阳是殷商文化中心，自殷墟发现以来就一直是历史学家和考古学家研究商代历史和考古的重要地方。1928年殷墟的发掘震惊了世界，殷墟文化研究也成为考古学界一个重要的研究课题。而随着1999年洹北商城的发现，又引出了中商文化这一重要文化概念。中商文化是指晚于郑州二里岗，早于安阳殷墟的商代中期文化，以郑州小双桥、安阳洹北商城、邢台曹演庄、藁城台西等遗址为代表。其分布区域东到泰沂山脉一带，西抵关中西部岐山、扶风，北面抵近长城，南逾长江。商代中期文化的提出把以郑州商城为代表的二里岗期早商文化和以殷墟为代表的晚商文化衔接了起来，商文化早中晚三个阶段的文化面貌变得清晰起来。

安阳博物馆藏有商代中期青铜器共 10 件，其中 8 件为 1964 年三家庄村窖穴出土，2 件采集于三家庄和董王度村，均为洹北商城范围内，是研究洹北商城都邑性质的实物资料。这批商代中期青铜器不仅有容器，还有生产工具和兵器，组成了一个完整器物组合，不仅为考古学研究提供了参考依据，对研究中商时期的社会生活也具有极其重要的意义。安阳博物馆馆藏青铜器千余件，在晚商青铜器占据多数的情况下，商代中期青铜器就显得尤为珍贵，特别是这件商代中期兽面纹青铜鼎为研究商代中期考古学和历史学文化提供了实物资料，也为安阳殷墟青铜器的辉煌奠定了基础。

（李　晶）

『祖丁』青铜觯

愿君唱此风 扬觯斯杜举

殷墟遗址经考古发掘出土的青铜觯数量并不多。这件青铜觯保存基本完好，器物内壁12字的铭文记录了商末周初的一段历史，引人遐思，造型别致的莲蓬状纽更是罕见，是一件殷墟出土的难得的艺术珍品。

觯，是我们在日常生活中不常遇到，而在博物馆经常碰到的一个生僻字。许慎《说文解字》："觯，乡饮酒角也。"即其功能之一为饮酒器具。北宋王黼《博古图》首次以图录形式注解了觯的形态，并为后世所沿用。考古发掘中，常常把此类断面呈椭方形、椭圆形或者圆形的器物称为觯，其主要流行于商代晚期至西周早期。

这件青铜觯保存较完好，分为器盖和器身两部分。通体青绿，部分部位露出灰黑色的原始器表，并有泛光。器盖分两部分，最上部的捉手近似莲蓬，与殷墟常见的菌状纽、半环型纽不同。通过痕迹观察，莲蓬状捉手并非与器盖一次浑铸，似乎是分体铸造后焊接。器盖上部以捉手为圆心，

"祖丁"青铜觯

商（前1600—前1046）

通高20.5厘米，口径7.5厘米，腹径8.5厘米，底径6.1厘米

馆藏

有两圈凸出弦纹。弦纹下有一条封闭的兽面纹带。盖内壁有12字铸造铭文。器身敞口、细腰、垂腹、高圈足，颈部以下有两条凸出弦纹，弦纹下有一条封闭的兽面纹带。器身下部接高圈足，器底较平。器底内壁铸有12字铭文。器盖与器底铭文相同："丁卯由赐贝于艺用作祖丁彝。"

这件青铜觯出自殷墟小司空村，该村与小屯村隔河相望。同时征集到的还有一件"父癸"素面深腹青铜圆鼎、一件低裆粗绳纹灰陶鬲，器形皆属于殷墟文化第四期偏晚阶段，即商末周初。

该器铭文中的丁卯，一如甲骨文的干支纪日，即丁卯日，在六十甲子中排第四位。"由"的写法与1954年12月长安县普渡村西周墓发掘出土的长由盉、长由簋的"由"字写法基本相同。"艺"字与甲骨文"艺"字写法相近。从上下辞例看，"由""艺"应作人名。"赐"即赏赐之意。"贝"在商周青铜铭文中，主要作为一种赏赐的物品出现，应当并非普通意义的贝壳之贝，而是具有类似货币职能的物品，并常常用作赐贝多少朋（朋是计量单位）。"祖丁"即祖辈名丁者，也是铸

青铜觯铭文拓本

青铜觯盖内铭文

造这件青铜器所要献祭的对象。（因古文字排版不易，此处的铭文均按照现代汉字的隶定和释义。）

这段铭文的大意是：在丁卯这一天，名字叫"由"的人赏赐给名字叫"艺"的人若干贝，"艺"就用赏赐铸造了这件铜器，献祭给名字叫"丁"的祖先。

这件青铜觯保存基本完好，12字的铭文记录了商末周初的一段历史，引人遐思，造型别致的莲蓬状钮更是罕见，是一件殷墟出土的难得的艺术珍品。

觯的容量说法各异。汉代韩婴传授的《诗经》说："一升曰爵，二升曰觚，三升曰觯，四升曰角，五升曰散。"许慎《说文解字》引《礼》："一人洗，举觯。"注解，觯受四升。更使得这种器物增加了些许的神秘色彩。

殷墟遗址经考古发掘出土的青铜觯数量并不多。从考古发现看，在殷墟早期并未出现青铜觯，中晚期才逐步出现并增多，器形也由体型扁圆、器体肥硕、菌状钮、矮圈足逐步发展为体型椭圆、腹部瘦长、半环形钮、高圈足的状态。比较特殊的是，在妇好墓（M5）中出现了一件石觯，应为仿铜器形制而制作。进入西周，随着禁酒政策的颁布与实施，青铜觯与其他酒器也逐步退出了历史舞台。

虽然青铜觯在古代流行的实际时间并不长，但受《礼记》《仪礼》等经典文献和礼仪影响，觯作为酒器乃至饮酒的象征，却在古代文人诗词中留下了深深的印迹。除了题首引用苏轼《见子由与孔常父唱和诗辄次其韵余昔在馆中同》外，"机分荣辱主，觯序去留宾"（北宋蔡襄《序宾亭》）、"宾筵列左右，旅觯叹横纵"（南宋林宗放《会文昌宫》）、"扬觯有人惭杜举，承筐无地想周行"（明代邵宝《谢邑令请乡饮》）等等诗作，以觯代酒，融汇了诗人与酒文化的豪情，成就了一首首的佳作。

（周　伟）

『癸酉贞旬亡祸』刻辞卜骨

卜问祸福 窥测天机

占卜，是古时用龟甲、蓍草等为手段，通过呈现的征兆来推断吉凶祸福的一种常见方法，在新石器时代仰韶文化时期就已现端倪。这件刻辞卜骨是商代甲骨文中最常见的卜旬刻辞，清晰地保留了商代最常见的癸日卜旬的记录。

1899 年殷墟甲骨文发现后，学者们曾因其具有占卜功能，称之为"贞卜文字""卜辞"等。从考古材料而言，以甲骨刻辞的形式记录占卜事项和结果，是从殷墟时期开始的。

这版卜骨应为牛左肩胛骨骨臼下面的内缘（也称颈侧边缘）残存部分，骨质致密，保存较好，通体呈浅灰黄色，可见光泽，未见兆枝。卜骨正面残存 8 字，刻写，竖行，自右向左读，为 2 条卜辞。最下一条卜辞完整，6 字，"癸酉贞旬亡祸"，字体较大，刚劲有力。最上部一条卜辞残缺，仅剩"……贞……祸"，字体较小，"祸"字的刻法与第一条卜辞差别较大，主要体现在字下半部的结构、用笔完全不同。之所以会出现这种差别，或许是因

"癸酉贞旬亡祸"刻辞卜骨

商（前1600—前1046）
残长5厘米，残宽1.7厘米，厚0.58厘米
馆藏

为该刻辞距离内缘过近的缘故。该版卜辞是商代甲骨文中最常见的卜旬刻辞，即卜问下一个10天会不会有不好的事情发生。反面未见清晰的钻、凿、灼痕迹。

"癸酉贞旬亡祸"，意思是在癸酉这一天占卜，卜问后10天会不会有不好的事情发生。癸酉，是商代使用的干支纪日法的第10天。贞，是贞问的意思，与《易经》中乾卦"乾，元亨利贞"的"贞"字相同，甲骨文中作"鼎"字形，随时期不同，字形有较大变化。旬，即十日为旬。亡，即有无的无。祸，即灾祸的祸。大量的甲骨卜辞表明，在癸日进行卜旬是一种习俗或惯例。也常常可以在甲骨文中看到，癸酉、癸未、癸巳、癸卯、癸丑、癸亥日持续卜旬的记录。

"……贞……祸"这条卜辞虽残缺，按照甲骨辞例，此卜辞应为癸酉后的 10 天，即癸未日。所以其意思应该是，癸未这天占卜，卜问后 10 天会不会有不好的事情发生。这版甲骨虽已残，但清晰地保留了商代最常见的癸日卜旬记录，仍然值得细细揣摩。

占卜，是古时用龟甲、蓍草等为手段，通过呈现的征兆来推断吉凶祸福的一种常见方法，在新石器时代仰韶文化时期就已现端倪。其骨卜蓍筮之术，数千年来经历了起源、发生、发展到繁荣、消亡的过程，不仅开创了易学先河，而且集中了星占、式法、历算、医理、医方、天命观、宇宙观等等，成为华夏文明在开创时期具有神秘色彩的思想文化遗产。

根据古籍记载，《连山》《归藏》《周易》等 3 部易书是先秦卜筮的经典。其中《连山》《归藏》失传，现留存于世的只有成书于秦汉时期的《周易》。现存《周

"癸酉贞旬亡祸"刻辞卜骨摹本

易》中，保留了很多商代的事件、人物，如"王亥丧牛""帝乙归妹""箕子明夷"等，甚至殷墟甲骨文中的贞人"永""旅""大"等在今本《周易》中也时有出现，这些似乎也可以表明《周易》与商人曾有过密切联系。

1973 年底，帛书《周易》经传共 2 万余字在湖南长沙马王堆三号汉墓出土。1978 年 11 月，张政烺先生首次把商周时期部分铜器、甲骨文中的所谓"奇字"释读为易卦，并从中分辨出了"单卦""重卦"，成为易学研究的一个重要里程碑。1993 年，秦简《归藏》抄本共 4000 余字在湖北江陵王家台 15 号秦墓出土，内容可与文献中《归藏》佚文相对照。近年来，通过不懈研究，张政烺、宋镇豪等学者认为，商周时期的易卦文物所体现出筮卦方法，与现今传世本《周易》有异，可能与上古另一占筮书《连山》有关。

孔子也是商人的后裔，据考证其先祖可追溯到商纣王（帝辛）的兄长微子。《论语·述而篇》记载了孔子的话："加我数年，五十以学易，可以无大过矣。"《史记·孔子世家》更加形象地把孔子学易的精神用"韦编三绝"的故事记录了下来。至于当时孔子学习的是《连山》《归藏》，还是流传到今天的《周易》，我们已经无从确证了。而幸运的是，我们通过殷墟发现的甲骨文，看到了商代先民原始的占卜记录。

（周　伟）

祭祀先公先王刻辞卜甲

慎终追远 缅怀先祖

殷墟甲骨文中，祭祀商代先公先王的卜辞占有重要地位，特别是随着周祭制度的形成，对自上甲开始的先公先王祭祀，表现得更加隆重、频繁。文献记载："夫圣王之制祀也，法施于民则祀之，以死勤事则祀之，以劳定国则祀之，能御大灾则祀之，能捍大患则祀之。"意即只有为百姓建立功劳的人，才有资格享受后世的祭祀。

祭祀祖先，在中国自古就是一项极为重要而隆重的仪式。这种祭祖的礼仪和风俗长期盛行，也因所处地位不同、地域不同，产生了形式各异、内容丰富的祭祀方式。但是，缅怀先祖、凝聚宗族、慎终追远的传统却始终如一，成为华夏民族具有重要传统和现实意义的习俗。

此版卜甲为龟的左腹甲残片。通体灰黄褐色，虽为残片，但保存较好。正面共15字，竖行，从右向左读。首字笔画残缺，仅留字尾笔画；其余卜辞，除"于"字外，其他先公先王名讳、月份均为合文。反面可见龟甲的骨质结构，无钻、凿、灼痕迹。

该版卜辞文字隶定如下：

祭祀先公先王刻辞卜甲

商（前1600—前1046）

残长2.0厘米，残宽2.3厘米

馆藏

……于……上甲、示壬、示癸……大甲、祖乙……十一月。

"于"字前一字笔画残缺，按照辞例，应当是祭祀的名称。

祭祀先公先王刻辞卜甲摹本

上甲，即史籍所称"上甲微"，是商代甲骨文中第一个以天干为庙号的祖先，也是商代甲骨文反映的周祭制度中第一个被祭祀的祖先。他的父亲即《史记·殷本纪》中的"振"。振，又名"王亥"，是商代先祖中受到祭祀最多的一位，充满了传奇色彩。上甲是商人最重视的先公，在商人心中地位尊崇，经常受到极其隆重的祭祀。甲骨文表明，商人合祭先公先王时，往往是从上甲开始的。

示壬、示癸，即《史记·殷本纪》中的"主壬""主癸"，在甲骨文中有时合称为二示，进行合祭。示壬是商代建立者成汤（即甲骨文中的大乙）的祖父，常常被祈佑农业丰收、战争获胜等内容。示癸则是商王成汤的父亲。在商人的周祭制度中，祭祀先妣（即女性祖先）是从示壬的配偶妣庚、示癸的配偶妣甲开始的。

大甲，即《史记·殷本纪》中的"太甲"，

是商代建立者成汤的嫡长孙，因"伊尹放太甲于桐宫"的故事而闻名。甲骨卜辞中对大甲的祭祀也比较隆重，而且大量使用了人祭。

祖乙，即《史记·殷本纪》中的"帝祖乙"，是商代第10任商王仲丁（即甲骨文中的中丁）之子。甲骨卜辞中，祖乙的祭祀比较隆重，对他的称呼也多样，有"祖乙""下乙""高祖乙""中宗祖乙"等。祭祀时大量使用人牲、牛牲和羊牲，甚至专门选择白色的祭品来祭祀，这与祖乙迁都、平乱、中兴商代的功绩有着密切关系。

十一月，即这条卜辞占卜的时间。

此版卜甲虽然残缺，但是记录了商代先公先王的名称与世序，仍具有较高的历史价值。

从先秦时期的文献看，祭祀有着具体而明确的标准。如《国语·鲁语上》记载："夫圣王之制祀也，法施于民则祀之，以死勤事则祀之，以劳定国则祀之，能御大灾则祀之，能捍大患则祀之。非是族也，不在祀典。"大意是说，只有为百姓建立功劳的人，才有资格享受后世的祭祀。这段话也见于《礼记·祀典》。随着时代发展，又逐步形成了朝廷公祭与民间祭祀的区别。

为人们所熟知的"国之大事，在祀与戎"（《左传·成公十三年》），则把祭祀与战争列为同等重要的国家大事。中国古代的祭祀对象、方式、内容、场所等，因时代的不同而有着显著差异。先秦时期以自然神灵和祖先为主要对象，形成名目繁多的祭祀名称和方式，并在甲骨文中留下深深的印迹。西周以远近亲属关系为基础，形成了等级明确的昭穆制度。秦汉时期，儒家独尊，对各种礼仪进行了总结和梳理，《仪礼》《周礼》《礼记》三部儒家经典成为国家典章制度，逐步形成了吉礼、凶礼、军礼、宾礼、嘉礼五礼。其中，吉礼是五礼之冠，主要是对天神、地祇、人鬼（即祖先）的祭祀典礼。

考古发掘中，位于北京周口店龙骨山的旧石器时代山顶洞人遗址之下室，发现了迄今为止所知中国最早的墓葬。人类骨骼周围发现了赤铁矿粉粒以及染有红色赤铁矿粉的石灰岩质石珠，或许是最早的葬仪和祭祀形式。新石器时代中期，内蒙古林西县白音长汉遗址的石雕女性人像、河南郏县水泉遗址的陶祖、河北磁山遗址器物组合坑、辽宁牛河梁女神塑像以及功能化的祭祀区域与建筑等逐步发现，展示出早期人类社会祖先崇拜、生殖崇拜、自然崇拜等原始宗教的萌芽与发展。随着时间推移，先民的祭祀活动，随着氏族、部族、国家形态的逐步完善，从无序走向有序，从纷杂走向制度化，祭祖具有了更加丰富和深刻的内涵。

殷墟甲骨文中，祭祀商代先公先王的卜辞占有重要地位，特别是随着周祭制度的形成，对自上甲开始的先公先王祭祀，表现得更加隆重、频繁。从卜辞看，商人对祖先的祭祀重视程度有着显著差异，即重视直系的先公先王，轻视旁系的先王（先公中无旁系）。对待直系的先公先王也有差异，即那些为商族做出重大贡献的先公先王，能够享受数量众多、形式隆重、祭品丰富的祭祀、祀典。这种重直系、轻旁系，重嫡长、轻庶子的制度，表明商代已经具有了以嫡庶亲疏区分血缘关系、社会礼仪的宗法制度雏形。而依据祖先世系进行祭祀的制度，为后世华夏民族认祖归宗、敬天法祖、祭奠先人的社会风俗奠定了基础。

"……商邑翼翼，四方之极。赫赫厥声，濯濯厥灵。寿考且宁，以保我后生……"《诗经·商颂·殷武》中那些朗朗的吟唱，追思着商王烈烈的功绩，召唤着先祖的魂灵，祈佑着后人的康宁。礼乐的隆重，祭品的丰裕，旋律的悠扬，血脉的奔流，情感的喷涌，似乎仍然回响在华夏的广袤大地上。

（周　伟）

『壬申有鹿』刻辞卜甲

狩猎获鹿祈吉祥

1973年，中国科学院考古研究所安阳队在小屯村南路边一带的100多个遗迹单位中，累计发掘出土了刻辞甲骨5335片，这件『壬申有鹿』刻辞卜甲就是其中之一。这批甲骨出土于商代的灰坑和文化层中，对于甲骨文的分期断代具有重要的意义。

在安阳殷墟发现的商代文字，数量可观、载体多样。与东汉许慎《说文解字》关于典册的解释不同，近代以来的学者认为，商代是用龟板"装订成册"的。学者们对殷墟 YH127 坑出土的中部有穿孔的改制背甲、花园庄东地 H3 出土的甲桥上带圆孔的卜甲等考察后，认为可以通过这些圆孔或半圆形缺口，把卜甲"装订成册"。或许，商代也有如后世的简牍成册，但因材质本身原因，而未能像甲骨、玉石、陶文、金文一样保存下来。

该版卜甲现存部分为龟腹甲的前段，即首甲、上腹甲和中甲的一部分。自卜甲上部开始向下，中缝（千里路）、第一道盾纹、上内缝、第二道盾纹清晰。第一道盾纹与上内缝呈上下交错的三角形，上内缝与第二道盾纹

"壬申有鹿" 刻辞卜甲

商（前1600—前1046）

残长5.7厘米，宽11.2厘米

1973年安阳市小屯村南地出土

交叉呈近正三角形。左半部有 2 组兆枝，右半部有 1 组兆枝，位置与反面的钻、凿、灼对应。残存的卜辞有 2 组，共 12 字。第 1 组在左半部近龟甲边缘，残存 3 字"辛未卜"；第 2 组卜辞集中在中甲部位，残存 9 字，分别是"壬申有鹿""壬申卜其鹿"。反面有 3 组完整的钻、凿、灼，2 组不完整的钻、凿、灼痕迹。

该刻辞卜甲隶定和释义如下：

辛未卜……

意思是在辛未这一天进行占卜……

壬申有鹿。

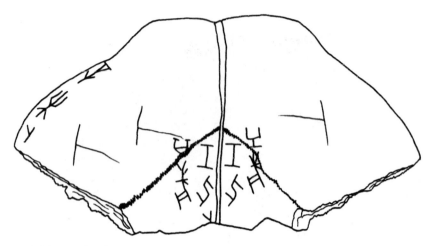

"壬申有鹿"刻辞卜甲摹本

意思是在壬申这一天进行占卜，卜问是否会捕获鹿。

壬申卜：其麀。

意思是在壬申这一天进行占卜，卜问是否不会捕获鹿。

"辛未""壬申"是商代使用的天干地支纪日法。考古发掘证实，干支纪日从殷商时期已经得到广泛应用，甲骨文中留下了大量的实证。按照六十甲子的顺序，辛未日在壬申日之前。

殷墟甲骨文中有大量的商王田猎的内容，也有很多捕获鹿的记载，其中一版记录了一次捕获162头鹿的事情。殷墟考古发掘中也发现了大量的鹿角，其中两版刻辞鹿头骨尤其令人印象深刻。从甲骨文记载和考古发掘来看，田猎捕鹿是商王经常进行的狩猎活动。捕获的鹿，除了用作祭祀祖先和神灵之外，鹿角则加工为工具。安阳博物馆还藏有一件鹿角制作的"天丁"铭文爵，虽有残缺，但可以修复完整，是目前仅见的一件鹿角铭文爵。

发掘者根据出土底层和共存的陶器判定，这版残存刻辞卜甲是商王武丁时期的实物。本版的隶定和解释，采纳了姚孝遂、肖丁先生的考释意见，即完整的卜辞应该包括了"壬申卜：其鹿""壬申卜：无其鹿"这两段对贞卜辞（即就同一卜问内容进行正反两方面的占卜）。

1973 年，中国科学院考古研究所（今中国社会科学院考古研究所）安阳队在小屯村南路边一带的 100 多个遗迹单位中，累计发掘出土了刻辞甲骨 5335 片。本版刻辞卜甲出土于小屯南地 T53（4A）层，器物编号为 T53(4A)：140，即第 53 号探方第 4A 层出土的第 140 件器物。这批甲骨以刻辞卜骨为主，卜甲数量较少。而且多数甲骨与陶器共存，出土于商代的灰坑和文化层中，对于甲骨文的分期断代具有重要的意义。

殷墟甲骨文是 3000 多年前由商代先民直接书契的文字实录，是真实可靠的殷商王室、贵族使用的文献。通过对甲骨文的释读和研究，学者们发现了 3000 多年前华夏先民关于当时天文、历法、气象、地理、方国、世系、家族、人物、职官、战争、刑狱、农业、畜牧、田猎、交通、宗教、祭祀、疾病、生育、灾祸等方面的记录，是研究中国上古社会特别是商代极其珍贵的"百科全书"。

春秋时期，孔子感叹："夏礼吾能言之，杞不足征也；殷礼吾能言之，宋不足征也。文献不足故也，足则吾能征之矣。"甲骨文的发现，使我们极其幸运地找到了 3000 多年前商代先民的原始文献，在追寻"我是谁""从哪里来"的道路上，持续迈出了更加坚实的步伐。一版版的甲骨，积累着华夏民族悠远的历史；一个个的文字，闪耀着中华文明璀璨的光辉。

（周　伟）

"受年"刻辞卜骨

五谷丰登祈丰年

现存的殷墟甲骨文中,"受年"内容的卜辞超过了500条,与农业有关的占卜则超过了千条,成为记录商代的农业生产状况的珍贵资料。本文所述的这件刻辞卜骨,反映了商王希望通过侑祭的方式,祈求两位商代先王羌甲、南庚庇佑当年农作物丰收的事情,体现了商王对农业的重视。

农业丰收自古以来就受到人们的高度重视。从商代的"受年"卜辞,到宋代辛弃疾的"稻花香里说丰年,听取蛙声一片"词作,再到今天中国农民丰收节,时光虽然在变,但几千年来人们对丰收的希望和喜悦却始终不变。

该版卜骨应为牛肩胛骨骨臼下面的内缘(也称颈侧边缘)残存部分,骨质致密,保存较好。正面通体呈浅灰黄色,可见光泽,未见兆枝。正面残存4条卜辞,15字,刻写,竖行,自左向右读。有3条界线把卜辞分为4段,自下而上分别为:"贞……于……""受年""贞勿侑于南庚""贞侑于羌甲"。反面残留两个半的梭形凿痕迹。

"受年"刻辞卜骨

商（前1600—前1046）

残长7.5厘米，残宽2.5厘米，厚0.82厘米

馆藏

第1条卜辞为"贞……于……"

位于该版卜骨的最下方，残存2字。根据残留的字迹判断，应为"贞"和"于"字。根据同版卜辞，意思应该是，某某日进行占卜，卜问是否用某某方式向某先王进行祭祀。

第2条卜辞为"受年"。

位于第1条卜辞上方，有界线分隔，共有2字，字形完整，竖行，自上而下，为"受年"。受，形如二人以手承物相授状。《说文解字》："受，相付也。"受，包括两种含义，一是接受，一是授予。根据卜辞惯例，一般是授予之意。年，形如人承成熟禾谷形。《说文解字》："年，谷熟也。"受年，即授年，意思是祈求（神灵或祖先）获得丰收。

第3条卜辞为"贞勿侑于南庚"。

位于第2条卜辞上方，有界线分隔，共有6字，字形完整，竖行，自左向右，为"贞勿侑于南庚"。

勿，即不，否定词。侑，祭祀名称。这个字在甲骨文中是个多义字，根据不同的语境，可以作又、有、侑、佑等不同用法。于，表示对于，是前面动词指向的介词。南庚，《史记·殷本纪》记载："帝祖丁崩，立弟沃甲

"受年"刻辞卜骨摹本

之子南庚，是为帝南庚。"即南庚为商王沃甲之子、祖丁之弟。史料记载，南庚为商代第 18 位商王，而在甲骨文祭祀谱系中南庚为第 16 位商王。产生差异的原因是，《殷本纪》中的中壬、沃丁等商王不见于甲骨文，更不曾进入商代的周祭祀谱。此条卜辞的意思是，贞问是否不使用侑祭的方式祭祀商王南庚。

第 4 条卜辞为"贞侑于羌甲"。

位于第 3 条卜辞上方，即这版卜骨的最上方，也有界线分隔，共 5 字，竖行，自左向右，字形略有残缺，根据辞例可释读为"贞侑于羌甲"。羌甲，根据《史记·殷本纪》记载："帝祖辛崩，弟沃甲立，是为帝沃甲。"结合上引南庚条目，甲骨文中的羌甲，即文献中的沃甲（《世本》和《史记索隐》作"开甲"）。史料记载，羌甲为商代第 16 位商王，而甲骨文祭祀谱系中为第 14 位商王。此条卜辞的意思是，贞问是否使用侑祭的方式祭祀商王羌甲。

此版刻辞卜骨，保存了两个重要信息，即"受年"和"侑祭先土"。综合甲骨卜辞辞例，可以认为，此版卜骨反映了商王希望通过侑祭的方式，祈求两位商代先王羌甲、南庚庇佑当年农作物丰收的事情，体现了商王对农业丰收的重视。现存的殷墟甲骨文中，"受年"内容的卜辞超过了 500 条，与农业生产有关的占卜则超过了千条，成为记录商代的农业生产状况的珍贵资料。

我国古代长期以农业为立国之本，成语中亦有"民以食为天"之句。

华夏先民长期以来，以五谷（一说为麻、黍、稷、麦、菽，一说为稻、黍、稷、麦、菽）为主食。考古发掘和研究表明，北方地区对食用植物特别是谷物的自觉栽培是农业型新石器时代文化的重要特征之一。而由于气候和地理环境的不同，南方地区则经历了采集食用野生稻到驯化栽培稻的过程。广西桂林甑皮岩、江西万年仙人洞、河北武安磁山、河南新郑裴李岗、河南舞阳贾湖、河北徐水南庄头、湖南澧县彭头山等地区的考古发现与研究逐步揭示出这一时期"北粟南稻"的基本格局（近年来在黄河流域中下游的一些遗址也发现了稻作遗迹），并不断把农业起源的历史向前推进。新石器时代晚期的龙山文化阶段，小麦这一重要的农作物也在北方的河南、陕西、山东等地区的遗址出现。农业的发展，特别是农作物数量种类的丰富、农作方式的进步等，为华夏文明的形成奠定了重要基础。

殷墟地处安阳盆地，发源于太行山的洹河从殷墟西南流入，穿行后流入卫河、海河，最终汇入渤海。盆地中堆积了冲洪积物和晚更新世马兰黄土、全新世黄土。在殷墟考古发现的碳化农作物中，有粟、麦、黍、稻、豆等种类。这些农作物在甲骨文中也有记载，并有"协田""受年""告麦"的记录。考古发掘中常见到木、石、蚌质地的耒、锹、铲、镰等农业生产工具。还发现有青铜质地的铲和钁。农作物对先民生存的重要性，催生了殷墟时期各种规模、形式的面向自然神灵、祖先祈求丰收的祭祀活动。

《说文解字》："年，谷熟也。"《春秋·谷梁传》："五谷皆熟为有年。"甲骨文中的"年"字，从禾从人，像人负禾而归之状。甲骨文中的"受年"就是祈年，即殷人为了农业丰收而向尊崇的神灵、祖先进行的求祭活动。《甲骨文合集》第36975版就收录了一版著名的商王卜问受年的卜辞。

后世也有很多不同的祈年、庆祝丰收的方式。唐代孟浩然《田家元日》诗中就记录了农家的占候活动："田家占气候，共说此年丰。"

（周　伟）

『贞其雨』刻辞卜骨

卜问降雨的记录

殷墟甲骨文中有大量的卜雨刻辞，涉及降雨预测、降雨方位、雨量多少、旱涝灾祸、丰歉影响等。这一件甲骨卜辞作为商代卜雨的记录，无疑承载着当时人们最为朴素的愿望，同时也为后人进一步了解甲骨文的秘密，深入解读商代社会密码，提供了入门的钥匙。

雨，作为一种自然降水现象，是地球水循环中不可缺少的一部分。于陆生植物，特别是农作物而言，雨更是其补充水分、延续生命、生殖繁衍的根本。殷墟甲骨文中有大量的卜雨刻辞，涉及降雨预测、降雨方位、雨量多少、旱涝灾祸、丰歉影响等，最常见的是占卜是否降雨的卜辞。

这件卜骨为牛胛骨残片，保存完好。正面残存 6 字，竖行，自上向下读。第 1 字残存底部笔画，根据甲骨辞例，当为"丁"字。

该版卜辞隶定如下：

（丁）卯卜，贞，其雨？

丁卯，为干支纪日，在六十甲子中为第 4 位。卜，即占卜。贞，即贞问。

"贞其雨"刻辞卜骨

商（前1600—前1046）

残长5.3厘米，残宽1.6厘米

馆藏

其，语气副词。雨，即降雨。这段卜辞的意思是：丁卯这一天进行占卜，卜问会下雨吗？

该版甲骨虽然残缺，并且是否降雨、采用了何种方式祭祀祈雨，以及祈雨的对象是谁等问题也无从稽考，但这版甲骨作为商代卜雨的记录，承载着当时人们最为朴素的愿望。简洁的刻辞内容，也为后人进一步了解甲骨文的秘密，深入解读商代社会密码，提供了入门的钥匙。

中国的农业起源很早，也是世界农业起源的中心区域之一。中国国土辽阔，地形、气候、降水情况多样，南北方原始农业也因此产生了较大差异。在以黄河流域为中心的北方地区，出现了粟、黍为代表的旱作农业；在以长江中下游地区为中心的南方地区，出现了水稻为代表的稻作农业。近年来的考古发现揭示，北方地区有稻作遗迹，而珠江流域则出现了以芋头等块茎类作物为代表的热带原始农业。现有考古资料表明，中国农业从约1万年前人类耕作行为的发轫，到距今5000年前农业社会建立的过程中，采集狩猎所占比重日渐式微，耕作农业日渐壮大，并取代采集

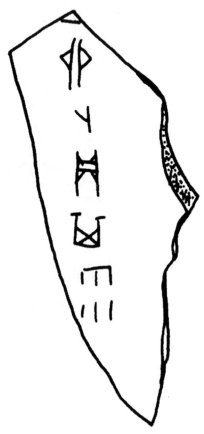

"贞其雨"刻辞卜骨摹本

狩猎成为社会经济的主体。距今约4000年前，起源于西亚的小麦传入中国，并逐步取代粟米成为北方旱作农业的主体农作物，奠定了延续至今的"南稻北麦"的农业生产格局。

水是人类文明兴起的重要基础，是农业的生命之源，人类文明与农业发展离不开水资源的滋养。成功列入世界文化遗产的浙江良渚古城遗址，不仅发现了数量可观的碳化稻谷，而且发现了迄今为止我国最早的水利工程，成为5000千年前中华文明的实证。荣获2019年度全国十大考古发现的河南淮阳平粮台古城遗址，不仅发现了大量碳化粟、黍、水稻、大豆、小麦等农作物种子，而且发现了多处铺设陶水管的排水设施和排水沟，展示了华夏先民农耕生产与水资源管理的面貌，成为4000年前中国史前农业文明与城市发展的重要依据。

华夏先民虽然很早就开始了对水资源的利用和管理，但是受生产力水平所限，面对降水、洪水等自然现象，更多的受到原始宗教、自然神灵、祖先神灵等影响，在依附自然、沟通神灵、祈求佑护、希冀降福的思想左右下，逐渐形成了通过祭祀方式与神灵沟通，达到愿望满足的祭礼。中国古代文献中就保留了很多此类资料，祈雨在其中占有重要地位。如《诗经·小雅·甫田》："……琴瑟击鼓，以御田祖。以祈甘雨，以介我稷黍，以穀我士女……"《诗经·小雅·大田》："……田祖有神，秉畀炎火。有渰萋萋，兴云祁祁。雨我公田，遂及我私……"表达了通过祭祀田祖，祈雨以求丰收的场景。《礼记·祭法》："山林、川谷、丘陵，能出云，为风雨。"则明确了山林等自然神灵能出云降雨的神力。《山海经·礼次三经》则将能降雨的神灵具象为"……人身而羊角……见则风雨为败"。河北省元氏县封龙山东汉时期的《汉常山相冯君祀三公山碑》记载："……惟三公御语山……兴云肤寸，偏雨四维……神熹其位，甘雨屡降……民无疾苦，永保其年。"近年来在河南省驻马店市驿城区石龙山新发现的东汉摩崖石刻《张汜雨雪辞》记载："惟永初七年，十二月有闰六日戊戌，吴房长平阴张汜字春孙，以诏请雨……触胜未终，甘雨累落……"

殷墟时期，农业持续发展，水资源的重要性更加显著。甲骨卜辞中也出现了大量的卜雨刻辞。卜雨的种类包括了雨、大雨、小雨、多雨、雨疾、烈雨、足雨、各雨、来雨、云雨等等。学者们研究发现，每个月都有关于是否降雨的占卜，这表明殷墟时期一年四季都有降雨的可能。其中1至5月占卜降雨的次数最多，此时正值夏历的春季和夏初，恰逢农作物播种、发芽、出苗、拔节、生长的时期。而其他月份的降雨则表明，殷墟时期的气候与今天相比应该更加温暖湿润。祈雨对象中，向"帝"卜问是否令雨的卜辞最多，表明在商人的心中，降雨与否是由"帝"这一天神来主导的。与此同时，学者们认为卜辞中还有卜问"帝"是否降旱灾的记录，这与传世文献中"洹河一日三绝""河竭而商亡""雨土"等河水干枯、天降沙尘的极端气候相互印证。殷墟考古工作者也发现，殷商时期的地下水位存在着较大波动，反映了这一时期降水丰歉的变化。水，或者说降雨，对商人的农业生产、社会生活的重要影响由此可见一斑。

"致和知必感，岁旱未书灾。伯禹明灵降，元戎祷请来。九成陈夏乐，三献奉殷罍。掣曳旗交电，铿锵鼓应雷。行云依盖转，飞雨逐车回。欲识皇天意，为霖贶在哉。"唐代严维的这首《奉和皇甫大夫祈雨应时雨降》诗，记录了隆重的祈雨仪式和应验降雨的场景：为攘除旱灾对百姓和社会的祸害，官长亲自主持了规模浩大的祈雨仪式，并供奉了隆重的礼乐、丰富的祭品。祈雨的诚意感动了皇天，于当时就降下了甘霖，惠泽了苍生。由此可见，发轫于商代的祈雨，历经数千年而不衰。万类霜天之中，人与自然之间，尊重依存、和谐共生则应成为我们今天毫不犹豫的必然选择。

（周　伟）

『贞侑于祖辛』牛胛骨卜辞残片

一片甲骨惊天下

小小的一片卜辞残片，其残存的寥寥13字，却向世人传达了包含天气状况、祭祀先王以及向某人下达命令等多项内容，信息量之大相当惊人，并由此引出了子弘——卜辞中多次提及的人物，以及他的相关背景。

甲骨文是契刻、书写在龟甲和兽骨上的占卜、记事文字，有"骨刻文""龟甲兽骨文字""契文""书契""贞卜文字""殷墟文字""卜辞""甲骨文字"等称谓。目前，最早能见到的契刻甲骨实物是在河南省贾湖遗址第二期发现的，距今已有约8000年的历史。殷墟时期，甲骨文已经是相当成熟的文字。殷墟甲骨文的发现在中华文明乃至人类文明发展史上具有划时代的意义。

这件名为"贞侑于祖辛"的牛胛骨卜辞残片，为牛的右胛骨骨边残片，通长9.3厘米，最宽处2.3厘米，重11.03克，残存13字，正面3条卜辞，呈上下排列，中间以两条界线隔开，背面有钻灼痕迹两处。经鉴定，为商

"贞侑于祖辛"牛胛骨卜辞残片

商（前1600—前1046）

通长9.3厘米，最宽处2.3厘米，重11.03克

馆藏

代武丁时期卜辞。

经过深入研究，对残片上的13字释文如下：

1. 贞……未……其易……

根据同文残辞互补，这条卜辞可拟补为"贞翌囗未【不】其易【日】"。

商代使用"干支"纪日法，当日称"今"，次日以后的十日之内称"翌"，十日以外的干支日称"来"。

"易日"，郭沫若释为"晹日"。《说文》："晹，日覆云暂见也。"这句话用现在的话说就是"多云间晴"。饶宗颐读"易日"为"锡日"，谓"天雨求赐日也"。

这条卜辞是卜问：今后的囗未日天还不出太阳吗？

2. 贞侑于祖辛

卜辞中的祖辛是高祖乙之子，名旦，即位后仍居庇。在位十四年，或谓十六年。祖辛是殷商的第十五位先王。庇，祖乙所迁都，其地或谓在今鲁西南。祖辛即位仍居庇地。

这条卜辞是卜问：是否向先王祖辛进行侑祭？

"贞侑于祖辛"卜辞拓片

3. 贞惟弓（弘）令

惟，语气副词，用以使宾语前置。令，即命令，指商王给弓下达命令。

弓是人名，卜辞中或称子弓（弘），即子弘。

这条卜辞是卜问：是否由商王命令弘……

子弓（弘）到底是何许人呢？

甲骨卜辞中的"子某"，是一个重要的社会群体，人数众多，据《甲骨学一百年》第十一章统计，共有 124 人，子弓（弘）乃其中之一。卜辞中的"子"，不一定都是商王之子，也可能是大臣、诸侯等贵族之子，也可能是商王同家的"子"姓贵族。不过可以肯定的一点是，这些卜辞中被称作"子某"的人，都是当时统治阶层中的重要一员，其中也不乏商王之子。

查《殷墟甲骨刻辞类纂》可知，卜辞中有关子弓的辞条 44 例，其中子弓 14 条，弓字不残或稍残者 30 条。根据其内容的不同大致可归纳为以下几个方面：

1. 主持祭祀先王先妣

2. 叶（同协）王事

叶，协也。《说文》："叶，协字之古文，义为辅佐，赞助。"

据《甲骨学一百年》所说，"'叶王事'所指的'事'范围很宽，戍边、作战、狩猎、种田、祭祀等，皆属'王事'之列"。

3. 司工

司工，掌管手工业的职官。此处的惟，使前词倒置，意为"令弓司工"，即命令弓做掌管手工业的职官。

4. 与子弘联合

5. 侦察、征伐舌方

舌方，方国名，陈梦家认为在今山西垣曲县和安邑县之间的中条山地区（陈梦家《殷墟卜辞综述》）。舌方在商王朝的西边，经常侵扰商的边境，经过多次征伐，最终归附商王朝。另据郑杰祥《商代地理概论》说，舌方地望可能位于今晋陕交界的石楼、永和县境。

6. 卜问子弓有没有疾病

7. 弓向商王朝贡纳

8. 子弓封地设有监狱

通过对这些卜辞内容的梳理可以看出：这个名弓叫或子弓的人，拥有自己的封地，向朝廷贡纳。其封地靠近商王朝的劲敌舌方，并且有监狱用来关押敌方战俘。他曾数次主持祭祀先王先妣，并辅佐商王，还被任命掌管手工业；商王曾多次派他侦察并征伐舌方。不仅如此，据卜辞显示商王还曾反复占卜，询问子弘会不会生病，对其关心程度可见一斑。究竟是什么样的人会使得商王如此关注呢？抛开其朝廷重臣的身份，他还极有可能是商王的近亲属或子侄。丁山先生就认为，子弘是武丁之子，与子央为兄弟。另据李亚农说："武丁的儿子据胡厚宣先生统计出来的有五十三人，如子瞽、子弓等等。"

安阳博物馆的这件商代"贞侑于祖辛"牛胛骨卜辞残片，其残存的3

条共 13 个字的卜辞，为我们研究卜辞的辞例、形式、甲骨文的字形等提供了范例。其辞条所包含的内容，对我们研究商代社会生产生活以及人物关系都具有重要意义。

（党　宁）

『戊午卜其雨』牛胛骨卜辞

神秘的天气占卜

甲骨文是中国最早有系统的文字。甲骨文发现至今，已出土15万片以上，这些文字是商代人留给我们的宝贵文化遗产，也是研究商代历史文化的第一手文字资料。

汉字是迄今为止持续使用时间最长的文字。早在距今6000年前的半坡遗址中就有刻画符号，龙山文化晚期的陶寺遗址又出现了朱书文字。到商代，甲骨文的出现，标志着中国文字走向成熟。甲骨文是中国最早有系统的文字。1899年甲骨文发现至今，已出土15万片以上，这些文字是商代人留给我们的宝贵文化遗产，也是研究商代历史文化的第一手文字资料。甲骨文中丰富的商代历史文化信息，为中国古代优秀传统文化的弘扬和多学科研究提供了弥足珍贵的材料。

1899年，著名金石学家王懿荣在"龙骨"上面发现刻有行列整齐的文字，成为第一个鉴定、购藏甲骨文的人，避免了刻画有文字的甲骨被作为"龙

"戊牛卜其雨"牛胛骨卜辞

商（前1600—前1046）
残长22厘米，宽9.5厘米
1973年安阳市小屯南地出土

骨"入药的厄运和破坏，同时出土"龙骨"的安阳小屯村也开始被世人熟知。安阳是甲骨文的发现地，出土的甲骨文内容丰富。

安阳博物馆珍藏的甲骨卜辞中，甲、骨均有，且大都文字清晰，内容涉及祭祀、军事、田猎、出行、农业、疾病、气象、旬夕等商代社会的诸多方面，对研究商代历史文化有重要价值。

这一件"戊午卜其雨"牛胛骨卜辞，残长22厘米，宽9.5厘米，1973年出土于安阳市小屯南地。刻画该卜辞的材质为牛胛骨，其骨臼、外缘、骨扇等部分残缺。正面卜辞3组共19个字，出土时未有涂朱，内容为："（1）戊午卜：今日戊，王其田，不雨？吉。（2）其雨？吉。（3）……戊，不逃（延）雨？"背面残留钻灼痕迹两处。该卜辞中的戊午，为商代天干地支纪日法，是指时间；王其，是指"往于"；田，是指"田猎"；延雨，是指雨情延绵。这是一片记录商王田猎前占卜天气的甲骨卜辞，即在戊午这一天进行占卜。卜问：今天戊时要去田猎，会不会下雨？结果是吉。再一次问：下雨吗？结果仍然是吉。第三次问：戊时不会雨情延绵不断吧？"国之大事，在祀与戎"，崇尚神权的商王，经常通过占卜以决定国家大事和自己的行止。占卜完毕后，把所问之事的结果用刀刻在甲骨之上。

商代人重视观测气象，因为风云变化直接影响着祭祀、征伐、农耕、田猎等活动。甲骨文中保存有不少关于风、云、雾、雨、雷、雪等的气象资料。甲骨文中很多文字记录了先民们对大自然的探索，古老的文字承载了先民的智慧，也给予了我们启示。

甲骨文所用牛胛骨，大多是商代人用牛祭祀以后，把祭祀牛牲之肩胛骨保存下来，以作占卜的卜材之用。占卜用的牛胛骨，可能多为在殷都当地所收集。1928年，第一次科学发掘殷墟时，曾发现"未经切错削治之大兽骨也。吾人得此等骨料之多，可数百斤"。牛肩胛骨原料当有专门的存贮场所，1973年安阳小屯南地窖穴 H99 曾出土未经加工的牛肩胛骨 31 片，该窖穴应该是当时为专门贮存骨料之用。

甲骨文在汉字漫长的发展历史上具有极其重要的地位，作为现代汉字的鼻祖是当之无愧的。甲骨文具有一定体系并有比较严密的规律，刻画精湛，内容丰富，对中国古文字研究有重要价值，其记录和反映的商代历史，也是重要的文献资料。

（李　晶）

「父乙车衢」青铜觚

孤独的王者

殷墟青铜礼器所反映的其所有者身份等级的高低，通常可以从其器形、纹饰和同一墓葬中的器物组合上表现出来。「父乙车衢」青铜觚，器表有四道对称的扉棱延伸至口沿外。这种有四条通体扉棱的觚，往往在规格极高的商王室成员墓或高级贵族墓中才会出现。

"父乙车衢"青铜觚，是安阳博物馆收藏的极其珍贵的殷墟青铜礼器之一，国家一级文物。其形体高大厚重，纹饰精美繁复，给人凝重雄伟之感。

《说文》云："觚，乡饮酒之爵也。"段玉裁注："乡，亦当作礼。"也就是说觚乃礼器中饮酒之用具。在殷墟商代墓葬中，觚爵组合的青铜礼器几乎是所有商代贵族墓的标配，这也充分印证了殷人嗜酒的历史记载。

觚，一般为喇叭侈口，细腰，高身，圈足。新石器时代就有了陶觚，青铜觚始见于商代早期，盛行于商代中晚期，西周以后逐渐消失。

"父乙车衢" 青铜觚

商（前1600—前1046）

高37厘米

20世纪50年代安阳市殷墟遗址出土

"器以藏礼"

"父乙车衢"青铜觚高 37 厘米，单从它的外形来看，就可以判断这并非殷人日常使用的饮酒器。《礼记》记载："殷人尊神，率民以事神，先鬼而后礼。"《左传》中也记录有，殷人"国之大事，在祀与戎"。在商代频繁的祭祀鬼神的活动中，专用器具是必不可少的，这些在祭祀活动中才能使用的器具被称为礼器。

礼是社会分层、分化到一定阶段的产物。中国古代礼制产生于新石器时代晚期，夏商周时期得到进一步发展。礼制的本质是维护统治阶级在宗法、社会阶层等方面的等级制度，通过礼制"经国家，定社稷，序民人"（《左传·隐公十一年》），"明贵贱，辨等列，顺少长"（《左传·隐公五年》），从而达到维护国家统治的目的。礼是统治阶级的特权，《礼记·曲礼》说"礼不下庶人"，作为被统治的庶人，是没有用礼的权利和资格的。

等级制度下的礼制"名位不同，礼亦异数"。《周礼》《仪礼》等记载了周王及以下各级贵族在祭祀、盟会、军制、婚丧等方面的等级差别，具体在宫室、服饰、器用、车马、乐舞等方面各有相应规定。因此，用于祭祀活动的青铜器便有了确立其主人身份等级，象征其使用者的权力和地位的作用，成为商周时期礼乐制度的物质载体，具有了威严至上的力量，即所谓"器以藏礼"。孔子曰："……器者，先王所以驯天下尊王敬祖之心，教天下博文习礼之学。""唯器与名不可以假人。"在中国古代社会，

"毁其宗庙，迁其重器"等同于"拾其国家"。周因于殷礼，这一点除了文献记载，从殷墟出土的青铜器上也可以得到证实，可以说殷墟出土的每一件青铜器都是殷商王朝礼乐制度的反映。

纹饰所传递的信息

殷墟青铜礼器所反映的其所有者的等级的高低，通常可以从其器形、纹饰和同一墓葬中的器物组合上表现出来。

"父乙车衢"青铜觚，器表有四道对称的扉棱延伸至口沿外。这种有四条通体扉棱的觚，往往在规格极高的商王室成员墓或高级贵族墓中才会出现。

其器身纹饰分为三层，均以云雷纹衬底，颈部装饰有蕉叶纹和夔纹，这两种纹饰，线条修长圆润，使器物显得挺拔、舒展。腰部装饰兽面纹，兽眼圆睁，正视前方。圈足上窄下宽，分别装饰夔纹和兽面纹。在这些浮雕的第二层纹饰上，又饰有精细的云雷纹，使整个器物显得既端庄稳重，又精美华丽。

器身所饰的夔纹，也称作夔龙纹，是商周时期青铜器上常见的一种纹饰。夔纹一般都是大口、卷唇、无角、一足、卷尾，常以两两相对的形式同时出现在同一器物上。对夔的理解，《山海经·大荒东经》记载有："东海中有流坡山，入海七千里。其上有兽，状如牛，苍身而无角，一足，出入水则必有风雨，其光如日月，其声如雷，其名曰'夔'。"庄子《秋水》

中有："夔谓蚿曰：'吾以一足趻踔而行，予无如矣！今子之使万足，独奈何？'"东汉许慎的《说文解字》对夔的解释是："夔，神魅也，如龙一足。"更多的古籍中则说夔是蛇状怪物。自宋代以来的著录中，在青铜器上凡是表现一足、类似爬虫的物象都称之为夔。

为什么古代青铜器上会用夔作纹饰？唐代杨筠松所著《龙经》称："夔龙为群龙之主，饮食有节，不游浊水，不饮浊泉。所谓饮于清游于清者。"由此可见，夔纹象征王权和神权，饰有夔形纹饰的青铜礼器或兵器代表着至高无上的权力与尊贵。

从美学的角度来看，商晚期和西周时期青铜器纹饰上的夔纹多为张口卷尾的长条形，以直线为主，弧线为辅，其外形与青铜器饰面的结构线相适合，为整个器物增加了古拙的美感。

名称的由来

北宋时期盛行"金石学"，当时的一些金石学家开始给这些器物定名。对于有铭文注明器物名称的古铜器，他们以"自铭优先"的原则对三代的器物定类别。北宋金石学家吕大临编撰的《考古图》，著录了数百件当时宫廷及私人收藏的古代铜器和玉器等。但这部书在器物的定名上差错较多。至北宋大观初年（1107），在宋徽宗授意下，金石学家王黼开始着手编撰《宣和博古图》。在"自铭优先"的原则下，《宣和博古图》正确加注了绝大多数能够找到自铭的商周古器的类名。对于没有类铭的器物，他们以

"无铭从古"的原则进行加注，参考《周礼》《仪礼》《礼记》三部经典礼制文献，最终确定了商周青铜器觚、爵、斝、觯、卣、瓿等器的类名。确定了类名之后，再采用类名缀加器物铭文、器形或纹饰特征的方法对器物进行最终定名，使每一件器物有自己的专用名，以与其他同类器物区分开来。宋人对古铜器的类名加注一直沿用至今，虽然其中可能有偏颇之处，但正如王国维所说："知宋人古器之学，其说虽疏，其识则不可及也。若国朝人所命名则颇有可议者。"

"父乙车衢"青铜觚，因其圈足内侧铸造有铭文"父乙车衢"四字而得名。铭文中的车衢，应为商代某一族名；父乙，是指名为乙的父辈。由此可知，这件青铜觚是车衢族人为名叫乙的父辈所做。

铸造

"父乙车衢"青铜觚的腹、足之间装饰有两周凸弦纹，凸弦纹间有两个"十"字形孔。这或许是铸造时遗留的痕迹。

随着殷墟青铜器遗址的不断发现，大量的考古资料证实，殷墟青铜器的铸造采用了范铸法。

所谓范铸法，其工艺首先需要制作所铸器物的模型，也称为母范或作模。所用原料要结合器形和花纹雕刻与拨塑的方便，选用陶、木、石、金属等不同材料。器物模型制作完成后，在其上进行翻制型范，翻范前先将泥料充分揉搓摔打练熟，然后泥料敷在模型外面，再脱出器形外廓型范，这在铸造工艺上称为外范。除了外范，还要用泥料制作一个体积与容器内腔相当的范，通常称为芯，或者内范。然后，使内外范套合，中间的空隙叫作型腔，外范与内范的间隔距离就是所铸器物的厚度。

各部分的范制作完成后，需要进行合范预热，然后将熔化的铜、锡、铅合金液体浇注到范里。范要倒放，是为了将气孔和金属液中的杂质集中于器底，使器物的上中部致密，花纹清晰。

合范过程中，外范大多采用榫卯连接的方式，且在整体合范后，外面抹上草拌泥来固定。为了保证器物的壁厚均匀，芯与外范之间的定位成为关键。早期的青铜器通常会用到芯撑技术，也就是泥芯上突起方形或十字形的小块，这些芯撑在器物铸成后就会形成小孔。随着青铜铸造技术的不断提高，人们掌握了更好固定范的方法，到了商晚期，很多青铜器上已经看不到这样的铸造痕迹，即便出现十字形孔，很多也只是起到装饰作用或者有其他的特殊用途。

碎器葬俗

1958 年，"父乙车衢"青铜觚由安阳市文管所移交给安阳博物馆时，器物毁坏程度非常严重，以至让人不能轻易定其种类。这不禁让人联想到中国古代一种葬俗——毁物葬。

关于毁物葬的文化内涵，学术界有不同的看法。《礼记·曲礼上》："祭服敝则焚之，祭器敝则埋之，龟策敝则埋之，牲死则埋之。"郑玄注：

"皆不欲人亵之也。焚之，必已不用。埋之，不知鬼神之所为。"《正义》：

"若不焚埋，人或用之，为亵慢鬼神之物……牲器之类，并为鬼神之用，不知鬼神用与不用，故埋之。"不再使用的祭服要加以焚烧，祭器、龟策、牺牲等要加以掩埋，其目的是防止他人亵渎鬼神。这虽然是周人的习俗，但是周因于殷礼，商周礼制应有相近之处。从殷墟考古资料中不难发现，许多商代墓葬中的青铜礼器遭到了严重毁坏，而且有明显被有意毁坏后随葬的迹象。《礼记》中的论述或许可以帮助我们理解商代毁物葬的内涵。所谓祭器，可能包括墓主生前所有，以及用于祭祀墓主的青铜礼器等，墓主死去后，它们都成为敝器。祭器是鬼神之物，为了进一步防止其他人或其他鬼神使用该器，有可能将其打碎后置于墓室之中。

由于缺少相关资料，所以我们无法判断"父乙车衢"青铜觚是被人为打碎的，还是埋葬后自然损坏。不过，经过文物修复专家修复后的"父乙车衢"青铜觚依旧光彩照人，不仅为我们展示出商代晚期青铜器的典雅富丽，也传递给我们许多宝贵的历史信息。

（王玉清）

黑陶圈足尊

虽为陶 却为尊

黑陶，虽属陶器，却是陶中精品，它是继仰韶文化彩陶之后的优秀陶种，被誉为"火与土的艺术，力与美的结晶"。这件黑陶圈足尊，质地细腻，颜色漆黑，通体磨光，造型规整，端庄大方，制作精细，是殷商时期制陶工艺的杰作。

黑陶，是指在烧制过程中，采用碳渗工艺制成的黑色陶器。它是继仰韶文化彩陶之后的优秀陶种，被誉为"火与土的艺术，力与美的结晶"，有"黑、薄、光、纽"的艺术特点。

商代黑陶圈足尊，出土于安阳殷墟遗址，由器身和高圈足组成，高23厘米，口径17.5厘米，底径14.6厘米，经研究鉴定为盛储器。尊体呈筒状，敞口外卷，直腹，高圈足，腹饰多道弦纹和三周竖画线纹饰，三周竖画线纹饰上面间有乳丁及小扉棱，圈足饰弦纹。这件陶尊属泥制黑陶，烧制火候较高，胎质较薄，质地细腻，颜色漆黑，通体磨光，造型规整，端庄大方，制作精细，是殷商时期制陶工艺的杰作，为研究商代制陶业和社会生活提供了实物资料。

黑陶诞生于中国新石器时代。1928年，黑陶首次发现于今山东章丘龙山城子崖。考古学界将龙山城子崖文化遗存称为"龙山文化"，黑陶是其主要特征，所以龙山文化又称"黑陶文化"。黑陶文化的出现，标志着中国制陶工艺达到空前发展，是中国新石器时代制陶工艺中与彩陶相媲美的又一创造，也向后人展示了制陶由实用性转向审美要求的历史进程。

黑陶的制作工艺比原始彩陶更纯熟，器物更加精致、细腻和独特。

黑陶采用轮制，形体浑圆规整，器壁厚薄均匀，造型优美，多为素面或磨光，纹饰较少。纹饰主要有弦纹、画线纹和镂空等。黑陶器型主要有碗、盆、罐、瓮、豆、杯、鼎、尊等，造型多样，富有新意。同时，器物的附件也随之增加，如各种形态的纽、把手等，有的器皿的盖翻过

黑陶圈足尊

商（前1600—前1046）
高23厘米，口径17.5厘米，底径14.6厘米
安阳市殷墟遗址出土

来还可以作为盘，有的有高足及镂空的雕花等，都表现了当时制陶者的巧思。尤其是晚期黑陶，在造型上大都偏于观赏性，体现了黑陶由实用性转向审美要求的历史进程。

黑陶选用的泥土主要来自黄河中下游冲积平原。黄河在奔流的过程中，所携带的大颗粒泥沙不断沉入河底，而细小泥土被水流裹挟着进入下游，形成冲积平原，因此它的下游深层泥土土质特别细腻、无沙、黏性大，而且富含多种矿物元素，在烧制中能形成均匀的纯黑质感，非常适合黑陶的烧制。

黑陶的烧制温度高达 1000 摄氏度左右，其表面所呈现的纯净的黑色，是以独特的无釉无彩碳化窑变——渗碳技术烧制而成。渗碳技术是指，在陶器烧制的最后一个阶段，加入大量柴草，封闭窑门与烟囱，使窑内产生浓烟，以烟熏陶坯，在这个过程中，烟中的碳粒便会渗入坯体。这样，出窑后的陶器，就是外观黑如漆、亮如镜，浑然天成的黑陶。黑陶制作工艺的繁复先进，让世人惊叹这古老的文明，也让世人体会到了"熏陶"成品、成型的过程。

黑陶按质地来划分，有细泥黑陶、泥质黑陶、夹砂黑陶三种，其中以细泥薄壁黑陶制作水平最高。这种陶器，漆黑光亮，薄如蛋壳，胎壁厚仅 0.5 至 1 毫米，被称为"蛋壳陶"，有"黑如漆、声如磬、薄如纸、亮如镜"的美称，纹饰一般比较简单，仅以磨光透亮的光泽作为器皿的主要装饰。其中，以高柄镂空蛋壳黑陶杯最具代表性。

日照市东港区两城镇是典型的龙山文化遗址，1936 年在这里发现了 4000 多年前的珍稀陶器——高柄镂空蛋壳杯。杯身通高 26.5 厘米，可分为三部分，上部是一个喇叭状大敞口、深腹、圆底的杯体，下加细长柄，柄中部为透雕的中空柄腹，下部是覆盆状底座。陶杯经轮制而成，杯壁厚度均匀，薄如蛋壳，但质地极为细腻坚硬，器壁最厚处不过 1 毫米，最薄处仅 0.2 毫米，重量仅 22 克。器表无釉而乌黑发亮，质感细腻温润。整体造型极为纤巧，别致秀美，通体散发着高雅气质和诱人的魅力，体现了一种单纯质朴的极致之美，具有极高的艺术性，是龙山文化的典型代表器物。它以高超的制作工艺和优美的造型被誉为"中国古代陶器的巅峰之作"，被世界考古界誉为"四千年前地球文明最精致的制作"。

　　黑陶高柄蛋壳杯目前仅见于山东境内龙山文化的早中期遗址中，或许是由于它的制作工艺过于烦琐复杂，或许是当时该技术传播范围太小，致使蛋壳陶杯制作技艺失传。至 20 世纪 80 年代，考古学家在诸城龙山文化遗址中发现了烧制蛋壳陶杯的陶体匣钵，山东省博物馆的专家用这件匣钵反复试制，竟获成功，蛋壳陶杯的制作之谜始被解开。

（王　莉）

「吉」字空首布

古钱的故事

空首布是春秋战国时期周、晋、郑、卫等国铸造的一种金属货币，也是我国最早的金属铸币之一，其促进了商品经济的发展，也为后期货币标准化的发展，起到了良好的开端。

这件"吉"字空首布为春秋时期的钱币，通长约9.7厘米，身长5.95厘米，肩宽4.93厘米，足宽5.12厘米，征集所得，1987年入藏安阳博物馆，为国家二级文物。该器物，制作精细，造型规整，属平肩弧足，长銎，銎的上部有一不规则小穿孔。币面较为轻薄，四周有郭，下部略宽。币身正背面皆有三道平行竖纹，钱身正面铸有铭文"吉"字。

空首布是春秋战国时期周、晋、郑、卫等国铸造的一种金属货币，也是我国最早的铸币之一。空首布是有銎的布钱，上有銎，下是宽大的面，形状像一把铲子，似农具。在我国古代，把一种类似锹的挖土工具称为"镈"，在物物交换的时代，人们经常拿这种挖土工具去换取别的东西。因为"镈"

"吉" 字空首布

春秋（前770—前476）

通长约9.7厘米，身长5.95厘米，肩宽4.93厘米，足宽5.12厘米

馆藏

与"布"声母相同，音韵相转，于是"镈"就转韵成为"布"了。我国钱币学家多数认为布币是由农具"镈"演变而来。"镈"这种农具被我们祖先选择作为货币的形制，体现了注重农业的传统思想。

在原始社会，生产力低下，物质生活匮乏，为了满足需求，部落或家庭之间便会进行物品交换活动，即以物易物，但当时部落或家庭之间进行的交换活动仅限于急需物品。随着生产力水平的不断提高，社会的不断发展，人们生产创造的物品越来越多，生活中对物品的需求也越来越丰富，因此，物品交换的种类越来越繁杂，交换的难度也日益增大，于是就有了一般等价物的产生，如象牙、皮革、农具等。但一般等价物不具备质地耐久、便携、量足、易识、易分割等货币应当具备的条件，因此，贝币便应运而生。从海水中打捞的贝壳，外形美观、晶莹光滑、坚固耐磨、便于携带，于是它便成为中国最早的货币之一，据史料和文献记载，贝币可追溯到夏代，广泛应用于商周时期。但是，由于贝壳的数量有限，出现了供不应求的局面，为了解决这一问题，人们便以畜骨、兽骨、玉石等材料仿制贝币，作为交易的货币。到了商代，随着金属冶炼技术的发明，冶炼铜、锡的技术逐渐成熟，我国最早的铸币——铜仿贝便应运而生了。随着货币制度的改革和铸币技术的进一步发展，到春秋时期，原始铸币逐渐发展为"空首布"。

空首布从币面文字来看，有数字、天干地支、地名、吉语等，铸文多为单字，偶见两字。币面文字为数字的，有一、五、六、八等；币面文字为天干地支的，有丙、己、庚等；币面文字为地名的，有周、留、亳、京等；币面文字为吉语的，有吉、尚、君、穆等。本文所述的"吉"字空首布，即属吉语类。该空首布上的"吉"字，为甲骨文字形，上部像兵器，下部像盛放兵器的器具，合起来表示把兵器盛放在器中不用，以减少战争，使人民没有危难。

从其形制来看，目前发现的空首布形制大体可分为平肩弧足、斜肩弧足、耸肩弧足。按大小来划分，有大型布、中型布、小型布。平肩弧足大型布，长銎、平肩、弧足，正面有一个不规则圆孔，造型规整，一般通长约10厘米，身长约6.2厘米，肩宽约5厘米，足宽约5.2厘米。由此可见，该"吉"字空首布属大型平肩弧足空首布。

目前所见平肩弧足空首布大都在洛阳一带出土，分别是：孟津县后海资村、宜阳县仟佰岭村、洛阳市金谷园村、伊川县富留店村、新安县尤彰村、临汝县陵头村、洛阳市西工十五厂孟津县刘家嘴村等。这和彭信威先生认为"这种币布大概流通于春秋时期的关洛一带，一般认为是周制"的说法接近。所以，此枚"吉"字空首布多是东周王畿内铸造。

目前，安阳博物馆馆藏空首布，均为币面铸有一个字的空首布，共45枚，37种，包括天干地支、地名、吉语等类。这些空首布，平肩弧足，长銎，通长在9.33至10.50厘米，足宽5.09至5.25厘米，重量在21至32克之间，均属大型平肩弧足空首布。

盛行于春秋战国时期的空首布，据出土遗址的区域分布来看，主要集中在当时的农业区，这说明空首布的产生和当时人们的生产生活有着密不可分的联系。同时，空首布促进了商品经济的发展，并为后期货币标准化的发展奠定了良好的开端，其在中国货币史上的作用是举足轻重的。

（骆利冉）

秦始皇二十六年诏书铜箍

统一度量衡的诏令

秦代为统一全国量制，由官府颁发标准量器。秦量外壁常带有秦始皇二十六年所颁发的统一度量衡的诏书，有的还带有秦二世所颁袭用旧制的诏书。这件铜箍的内容为秦始皇二十六年诏书的一部分，通过复原研究，判断该器应为秦代量桶所附诏版。铜箍虽然残缺，仍具有重要的历史和文物价值。

　　秦代是中国历史上一个短暂但极为重要的朝代。为巩固多民族的统一国家，秦始皇颁布诏令，对六国以来纷杂的度量衡、货币、文字等进行了统一，并以法令的形式或铸或刻在了相应器物上。秦二世即位后，承续了始皇帝的做法。隋文帝开皇二年（582）在陕西长安发现了嵌有秦始皇、秦二世诏书铜版的秦权，成为后世发现秦代此类实物之端。

　　安阳博物馆收藏的这件秦始皇二十六年诏书铜箍残件，是目前仅见的用于量桶的秦代诏书铜箍。

　　该件铜箍为青铜质地，断为2段，通体青绿色，呈长条形，向内弯曲，器身略有弧度。器身一侧有一方形凸起，中部偏下有近方形穿孔。器表

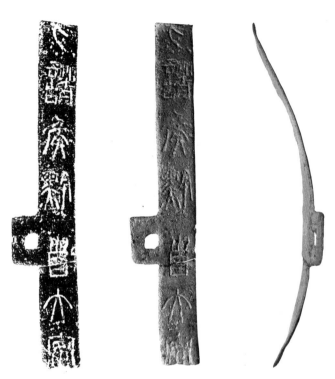

铜箍拓本

有单行竖刻铭"下诸侯黔首大安",字径 1.9—2.3 厘米。其内容为秦始皇二十六年诏书的一部分,形制仅见。通过复原研究,判断该器应为秦代量桶所附诏版。铜箍虽然残缺,仍具有重要的历史和文物价值。

根据文献记载和学术界通行的观点,该铜箍残铭全文应为:"廿六年皇帝尽并兼天下诸侯黔首大安立号为皇帝乃诏丞相状绾法度量则不壹歉疑者皆明壹之。"

原器铭文两侧边缘光滑,可知本身即为条状,并非残损所致。这类秦

代诏书器物，绝大部分属于度量衡器。这一形式的诏书器物，为近世以来首次发现。这件诏版虽然残损，仍包含有丰富的信息，是一件难得的秦代度量衡文物。

秦代为统一全国量制，由官府颁发标准量器，以战国时期秦国量制为标准，也包括秦统一后加刻诏书重新颁发的战国秦量。秦量外壁常见带有秦始皇二十六年（前221）所颁发的统一度量衡的诏书，有的还带有秦二世所颁袭用旧制的诏书。

秦量多为铜质和陶质。铜量有方升和椭量，陶量则多为圆桶形。有的秦量只剩器口的铜金或身上的诏版，此类秦量的材质当为木质。现存秦量

秦始皇二十六年诏书铜箍

秦（前221—前206）

残长18.5厘米，宽3.5厘米，厚0.1厘米

馆藏

多数为传世品，山东邹县、内蒙古赤峰市蜘蛛山、吉林奈曼旗善宝营子古城等地则有实物出土。邹县所出的陶量，常带有"驺"字戳记，表明是当地所制造。秦的量制是：1 斛 =10 斗 =100 升 =1000 合 =2000 龠。据实测，秦量主要有一升量、二升半量、三分一斗量、半斗量、一斗量 5 种。当时兵卒的食量配给分为五升、三升小半升（即三分之一斗）、二升半、二升、一升大半升 5 等。秦量的容量差别，正适应这种制度。秦量每升容 194 至 216 毫升不等，而以 200 毫升左右据多。云梦出土的《秦律·效律》规定，容量的误差范围为 5%。如以每升容 200 毫升为准，大部分秦量的误差正在此范围内。

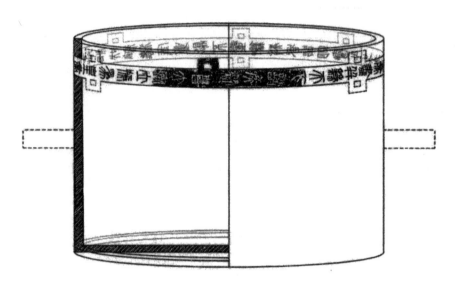

铜箍复原图

刻有秦始皇或秦二世统一度量衡诏书的铜版，有的镶嵌在铜、铁权上，有的四角或边缘带孔，应是钉在木量上的。秦始皇的诏版曾在陕西秦咸阳遗址出土；嵌于权身的秦始皇诏版，曾在山西左方、山东文登等地出土。秦二世的诏版，至今还只有传世品。这两种诏版，证明秦代确实把统一度量衡制度有力地推向了全国。

秦始皇诏书内容为："廿六年，皇帝尽并兼天下诸侯，黔首大安，立号为皇帝，乃诏丞相（隗）状、（王）绾，法度量则不壹，歉疑者，皆明壹之。"大意是：秦始皇二十六年统一天下，百姓安宁，立下皇帝称号，下诏书于丞相隗状、王绾，把不一致的度量衡制度明确地统一起来。秦二世的诏书是："元年，制诏丞相斯、去疾，法度量，尽始皇帝为之，比有刻辞焉。今袭号，而刻辞不称始皇帝，其於久远也，如后嗣为之者，不称成功盛德。刻此诏，故刻左，使毋疑。"大意是：秦二世元年（前249）下诏左丞相李斯、右丞相冯去疾，说统一度量衡是秦始皇之制，后世只是继续实行，不敢自称有功德。现在把这个诏书刻在左边，使不致有疑惑。

度量衡是生活中用于计量物体长短、容积、轻重的物体统称。我国度量衡历史悠久，传说黄帝"设五量"、少昊"同度量，调律吕"、舜"协时月正日，同律度量衡"、禹"身为度，称以出"，显示了上古时期度量衡的发展脉络。商周时期，殷墟出土的商代骨尺、牙尺，采用了十进制的分寸刻画。西周青铜器中也出现了"孚""匀"的计量单位，内宰、大行人、质人等分别负责中央到地方的度量衡管理。春秋战国时期，各诸侯国形成了自有的相对稳定的度量衡体系。秦代则不仅"车同轨，书同文"，而且颁布了统一度量衡的诏书和标准器。这些都见证了中国古代度量衡的发展历程。

（熊长云　周　伟）

『南陵少斗』铜量

官方斗量标准器

南陵，即汉文帝七年设立的南陵县，故城在今陕西西安东南。少斗，据熊长云先生考证，即为小斗。这件自铭『南陵少斗』的汉代量器，不仅以实物说明汉代大小斗制度的存在，同时确定了小斗的确切量值，对于汉代度量衡制度研究具有殊为重要的意义。

量器是古代社会计量农产品数量、容量的主要器具。容量的计量产生最早，名称、单位、换算等也最复杂。由于各种原因，包括量器在内的中国古代度量衡纷繁复杂，名称、单位、换算经常发生变化。历代政权都把度量衡的统一作为重要措施，在度量衡标准器的设计、制作、推广上进行了不懈努力，也留下了相应的政策和实物。

安阳博物馆得益于藏家无私捐赠，收藏有一件西汉时期"南陵少斗"铜量，保存完好，是一件难得的度量衡文物，具有重要历史和文物价值。

该器青铜质，筒状，口微敛，一侧有环柄。底部内凹，有一"△"记号，中部有范铸的范线痕迹。器外壁有针刻铭文"南陵少斗"，刻画浅细。

"南陵少斗" 铜量

汉（前206—25）

高9.2厘米，最大外径14.2厘米，壁厚0.1厘米，底径14.0厘米

馆藏

铭文拓本　　　　　　　　　　　　　　　　　　　　器身铭文

"少斗"即"小斗"。从实际容量来看，"小斗"当合秦汉一斗的十分之六。该器应为西汉时期南陵县的官铸量器。

南陵即西汉文帝七年（前 173）设立的南陵县。《史记》记载，（孝文帝七年）四月丙子，初置南陵（《汉兴以来将相名臣年表第十》）；薄太后于后文帝二年，以孝景帝前二年崩，葬南陵。《索隐》按《庙记》云：

"在霸陵南十里，故谓南陵。"《正义》引《括地志》云："南陵故县在雍州万年县东南二十四里。汉南陵县，本薄太后陵邑。陵在东北，去县六里。"（见《外戚世家第十九》）《孝景本纪第十一》又有"（孝景帝二年）置南陵及内史祋祤为县"的记载。裴骃《集解》认为，"内史分左右及祋祤为县是景帝二年事"。综合《史记》《汉书》记载，南陵县应为西汉文帝七年设置，故城在今陕西西安东南，东汉初废。

"南陵少斗"铜量，为汉代量制中的大小斗问题提供了重要资料。陈梦家先生曾提出，官方量制中的标准一斗为 2000 毫升，而小斗当为 1200 毫升，大小斗折算比例为 10 比 6。这种折算关系，虽符合汉人在粮食计量中的使用习惯，相关实物证据却罕见流传。熊长云先生考证，"少斗"即"小斗"。"居延汉简""肩水金关简"中所记"小斗"，即应与量器"少（小）斗"所指为一。实测"南陵少斗"量容为 1255 毫升，也大致与陈梦家观点相合。因此，这件自铭为"少（小）斗"的汉代量器，不仅以实物说明汉代大小斗制度的存在，同时确定了小斗的确切量值，对于汉代度量衡制度研究具有殊为重要的意义。

度量衡是人们在日常生活中经常需要接触、使用到的器具。狭义度量衡是指测量长短、容积、轻重的工具。广义度量衡是指包括了测量尺度、容量、衡重等器物、计量单位、换算体系等。随着现代科技的发展，度量衡到今天已成为更加准确、精细的计量科学。

（周　伟）

四乳神兽纹铜镜

流传千年的镜中遗韵

铜镜是古时人们照面映身的用具，同时用以驱灾辟邪、赏赐馈赠。两汉时期，铜镜铸造业得到了空前发展，其高超的铸造技艺反映了当时人们的生活水平和对美的艺术追求。

"以铜为镜，可以正衣冠"，铜镜是古时人们照面映身的生活用具，有着极其悠久的历史。

古时，人们将清水盛入容器中，通过水面的倒影整理自己的妆容，这种容器就是最初镜子的雏形，称之为"鉴"。随着时间的推移，到了青铜时代，人们不再满足于"鉴水照容"，于是，铜镜便产生了。铜镜一般是由铜、锡、铅合金铸造而成。中国是世界上最早发明铜镜的国家之一，目前所知我国最早的铜镜出现在4000多年前的齐家文化时期。商周时，铜镜是王公贵胄专享的奢侈品，是身份和地位的象征。殷墟遗址曾出土了6面铜镜，其铸造水平和装饰纹饰都比较原始。至春秋战国，随着青铜冶炼

四乳神兽纹铜镜

汉（前206—25）
直径13.3厘米，厚0.52厘米
馆藏

四乳神兽纹铜镜虎、羊纹饰

四乳神兽纹铜镜龙、人纹饰

技术的发展，铜镜的铸造工艺得到了提高，铜镜纹饰开始精美繁复起来。西汉时，铜镜逐渐走入民间。当时，社会经济高速发展，铜镜的铸造技术不断提升，铜镜的使用范围宽广、铸造技术高超、艺术风格多样，铜镜的铸造技艺达到了一个新的高度。及至唐代，又是铜镜铸造工艺发展的一个繁荣时期，之后，铜镜一直延续至宋元明清，直到近代才逐渐被玻璃镜取代，淡出了历史的舞台。

这面西汉四乳神兽纹青铜镜，直径13.3厘米，厚0.52厘米，1961年入藏安阳博物馆。镜体呈圆形，边缘浑润、规整，镜面布满青绿色、红褐色及黑色锈迹。镜背为亮银色，铸有柿蒂状叶片花纹、线形花纹、栉齿纹、圆座乳钉等纹饰图案，边缘处布有些许青绿色、红褐色锈迹和少许蓝色锈

迹。这面青铜镜铸造规整，纹饰细腻，线条流畅，图案生动，反映了当时冶炼铸造技术的发展，体现了人们对美的艺术追求。

这面铜镜的镜背中心有一个带孔的半球状圆纽，大而光洁，圆纽横向穿孔，可用于穿绳系挂。圆纽纽座为四瓣柿蒂纹。柿蒂纹是古代的一种吉祥纹饰，流行于战国至汉代时期，形状如同柿子的花蒂，呈四瓣，每个花瓣指向不同的方位，柿蒂纹的四片叶瓣之间有线形花纹分隔。因柿蒂肥大厚实，一生与果实相生相伴，故柿蒂纹寓意着子孙蕃昌、人丁兴旺。柿蒂纹除了出现在铜镜上，也经常在玉器、漆器上出现，用途极其广泛，可见人们对它的喜爱。纽座外，有两圈排列密集得像梳齿一样的栉齿纹，栉齿纹之间平均分布有四枚圆形乳钉，将镜背分成四个区域。每个区域中填饰神兽纹，其中两组为侧面站立的龙和踞坐的长发人像，另两组为奔跑的老虎与长角羊，图案两两相对，与乳钉纹一同构成了这面铜镜的主体图案。镜背外侧的宽缘上装饰有一周双线波折纹。

在中国古代神话中，龙、虎指的是四神兽中的青龙、白虎，其与朱雀、玄武并称天之四灵，镇守四方，保众生平安。龙是中华民族崇拜的图腾，有祈福纳祥之意。

镜背上这两组纹饰中，龙的形象饱满有张力，四足站立，气势磅礴，富有动感；跽坐的长发人像屈体前倾，伸头引颈，跪坐地上，手前伸，好似拿着仙草、仙果等在饲喂青龙。这两组主题纹饰可能与传说中的豢龙氏、御龙氏的故事有关。传说从虞舜时到夏代，一直存在着以养龙为业的家族，他们有一套独特的养龙技术代代相传，先后被封为"豢龙氏"和"御龙氏"，自从他们消失在历史的长河中后，龙也变得更加神秘。虽从未有人见过真龙，但人们对龙的崇拜却从未停止，早在商周时期的青铜器上就有许多关于龙的纹饰，而后在各朝各代的各类艺术品中，龙的纹饰也是经常出现。龙、人主题纹饰旁的虎、羊图案，则描绘了老虎捕猎长角羊的场景。图案中虎的形象雄浑威武，杀气逼人，而长角羊双足前伸，呈奔跑状，画面逼真，栩栩如生。传说中虎是杀伐之神，有驱邪祈丰、惩恶扬善的神力。羊是"祥"的同义词，最早在商代甲骨文中就有表述。许慎的《说文解字》中也写道："羊，祥也。"由此可知，羊是吉祥的象征。在汉代人的认知中，这些祥神瑞兽能为人们避邪祈福，因此将神兽图案广泛装饰在铜镜上，也是寓意着人们对未来生活的美好愿景。

　　镜背的龙、虎图案均呈亮银色，其亮度明显高于底纹，应该是应用了所谓的"玄锡"工艺刻意制作的。古时，铜镜铸造的基本流程分为制模翻范、晾干与焙烧泥范、铜合金冶炼、镜范浇注、铜镜后期加工等几个步骤。其中，铜镜后期的表面处理是至关重要的一道工序。那么，对铜镜进行后期打磨，如何凸显镜上的装饰图案呢？《淮南子·修务训》中曾记载：

"明镜之始下型，朦然未见形容；及其粉以玄锡，摩以白旃，鬓眉微毫可得而察。"这里所说的"玄锡"，就是使铜镜图案纹饰凸显的关键所在。古时的玄锡应就是现在的灰锡，与玄、黑、灰色相近。玄锡是锡箔在低温下变成粉状的产物，用这种粉状灰锡磨镜，使铜镜布满灰锡，并使之在大气中氧化，形成一层晶体薄膜。我们现在常见的金属锡是白锡，在低于零下 13.2 摄氏度时开始转变为它的同素异形体——灰锡，特别是在零下 33 摄氏度时，这种转变的速度会更快。其实这是锡发生的"锡疫"现象，当灰锡再次加温至 161 摄氏度以上时，即又可还原为白锡。用玄锡作用于铜镜的局部纹饰装饰，加热后就会形成一种"鎏银"般的发色效果。这既提高了铜镜的亮度，又增加了耐腐蚀性。

安阳博物馆馆藏的这面西汉四乳神兽纹青铜镜，形态美观，制作精良，具有典型的时代特色，体现了我国冶炼、锻造技术的不断进步与发展。同时，其在实用功能之外，还融入了很多社会文化的隐喻，丰富了我国的铜镜文化，为研究汉代铜镜艺术提供了重要的实物资料。

从汉代辛延年"贻我青铜镜，结我红罗裙"所描述的羽林郎的粗鄙，到唐代李太白"君不见，高堂明镜悲白发"的人生感悟，再到禅宗六祖慧能"明镜本清净，何处染尘埃"的见性成佛，无论岁月如何流逝，时代如何更迭，时光流转，星移物换，小小的一面铜镜从暗夜到晨光，方寸之间，可照容颜，可鉴兴衰。

（贾雪飞）

博局纹铜镜

博局入镜寓吉祥

博局，即古代六博游戏的棋盘。这是中国古代一种掷采行棋的博戏类游戏，盛行于秦汉时期。博局还被赋予了祛除不祥、佑人平安的寓意。这件汉代博局纹铜镜，铸造精良，纹饰融繁缛细腻、简洁大方于一体，展现了汉代高超的工艺水平及汉文化蕴藏。

中国古代有许多以铜镜记述事情、歌咏景物、抒发心境的诗词，如《诗经·邶风·柏舟》中"我心匪鉴，不可以茹"，《羽林郎》中"贻我青铜镜，结我红罗裾"，《百炼镜》中"百炼镜，镕范非常规，日辰处所灵且祗"，《览镜》中"一照一回悲，再照颜色衰。日月自流水，不知身老时。昨日照红颜，今朝照白丝。白丝与红颜，相去咫尺间"，等等。西汉刘歆的《西京杂记》中记录了在秦始皇时期，一面广四尺、高五尺六寸，可以映照出人体五脏六腑的大方镜，被后世叹为传奇。

铜镜最初称为鉴，是古代照面映身的用具。因材质和工艺因素，青铜成为铜镜最早并长期使用的材料。铜镜一般由镜面、镜背、镜纽三部分组

博局纹铜镜

汉（前206—25）
直径12.6厘米，厚0.65厘米
馆藏

成（唐宋以后出现了带柄的铜镜）。镜面用以照映面容，镜背常有装饰图案，镜纽穿孔以系挂。铜镜除了实用功能外，镜背图案和铭文为其形制变化的重点，镜背的图案融合了当时社会生活、文化信仰、神话传说等内容，成为研究古代社会风俗、装饰艺术的实证。

各朝代制造的铜镜在合金比例上差别较大，一般以铜、锡、铅为主要原料。两汉是铜镜繁荣发展的高峰期，合金比例比较稳定，常见的比例为铜80%、锡14%、铅6%。因此，汉代铸造的铜镜沉稳厚重，精美绝伦，而且在形制、纹饰、铭文方面都有着显著特点，图案内容更加丰富，铭文清秀舒朗，纹饰清新秀丽，具有很高的历史价值和艺术价值。博局纹铜镜是汉代铜镜中常见的代表性品类之一，纹饰特点鲜明，数量也比较多。

这件汉代四神博局纹铜镜，直径12.6厘米，厚0.65厘米，1980年11月捐赠入藏安阳博物馆。该镜圆形，通体呈现红褐色的铁锈色。镜背有圆纽，纽座外围有两周方格线，方格四条边的中心各自向外伸出一个T形图案，与连接外区圆周的L形符号——相对。方格的四角与外区圆周上的四个V形图案相对。镜背内区被V形符号分割成四等分的区域，其间饰有青龙、白虎、朱雀、玄武四神，圆周外有栉纹一周，宽缘上饰三角锯齿纹和双线三角锯齿纹各一周。

此面铜镜上的T、L、V纹，一般称之为规矩纹。中心的方格纹图案称为博局纹，即古代六博游戏的棋盘。六博，又作六簙，是中国古代的一种掷采（骰子）行棋的博戏类游戏。文献记载，博戏游戏盛行于秦汉时期，上至天子、百官，下及百姓，都喜爱博戏。《汉书》记载："孝文时，吴太子入见，得侍皇太子饮博。"这里说的是，汉景帝还是太子时与吴王世子博戏的故事。该游戏采用掷采行棋，以夺得更多的筹（竹制计数的配件）为目标，行棋模拟猫头鹰等鸟类在池塘中猎鱼的行为，因使用六根筹（或称博箸）以及六个棋子作为道具，所以称为六博。由于和象棋一样有吃掉棋子的行为，是最早的具有兵种概念的棋戏。故也有推论认为，象棋类游戏可能从六博演变而来。

受埋藏环境的影响，青铜器在不同的温湿度、酸碱度等情况下会呈现出红色、红绿色、棕色、蓝绿色等不同颜色。实质上是铜制品在氧化、电解环境下形成的锈蚀产物附着在了铜器的表面。除了铜的锈蚀产物以外，铜制品中锡、铅或铁等合金元素也同时发生了锈蚀反应。这些锈蚀与铜锈相互作用，使铜器表面呈现丰富多彩的颜色。此外，因工艺原因，古人在冶炼铜料的过程中，使用了含铁量较高的铜矿石，在高温的作用下，一部分铁元素进入了铜液，留在青铜器中，这些铁就形成一层褐色的铁锈，使铜器呈现褐色的铁锈状颜色。

汉代出土文物中有大量表现博戏的器物。如：河南新野张楼村北的一座东汉末年砖墓中的六博碑，图上有两羽人跽坐，相对有博局与六博；河南南阳发现的六博画像石、河南灵宝张家湾东汉墓出土的绿釉博戏俑等，也都表现了两人博弈的场景；洛阳嵩县出土的六博案和鹤壁山城区出土的六博盘等，则具体呈现了六博博具的面貌。这些都反映了当时六博戏的盛行。

博局还被赋予了祛除不祥、佑人平安的寓意。如中国历史博物馆馆藏新莽博局镜铭曰："刻具博局去不祥。"直接点明了博局作为纹饰的用意。《塞赋》云："棊有十二，律吕极也；人操厥半，六爻列也。"《后汉书·梁冀传》注文引鲍宏《博经》："瓊有五采，刻为一画者谓之塞，刻为两画者谓之白，刻为三画者谓之黑，一边不刻者，五塞之间，谓之五塞。"尹湾汉墓和马王堆出土的博局占，上绘博局图形，按嫁娶、旅行、狱囚等内容，列出吉凶参照表，在博局中查找当日的干支，即可在表中找到所问事项的答案。博局的格道配置，渗透着古代的哲学思想和宗教义理。

博局纹的盛行，反映了汉代人追求娱乐生活的社会场景，也说明了两汉时期经济社会繁荣稳定的景象，更是两汉时期宗教信仰的一种体现。博局纹铜镜铸造精良，彰显了汉代铜镜兴盛时期的工艺水平，其纹饰融繁缛细腻、简洁大方于一体，呈现了汉代民众的审美特征，其独具特色的工艺美术，对研究汉代文化、冶金工艺具有重要参考价值。

铜镜的产生，主要在于它照面映身的实用功能。唐代鲍溶《古鉴》："古鉴含灵气象和，蛟龙盘鼻护金波。隐山道士未曾识，负局先生不敢磨。曾向春窗分绰约，误回秋水照蹉跎。世间纵有应难比，十斛明珠酬未多。"这首诗把古镜的图案、价值和文化意义阐释得淋漓尽致。而宋代杜樗隐的《镜》："铸就揩磨不计工，岂量资质本顽铜。面前毫发曾无隐，背后看来便不同。"则是把铸镜、磨镜的工艺以诗的形式记录下来。铜镜作为古代社会重要的生活用具，其铸造工艺在历史长河中不断发展提升，实用功能和艺术审美并举，成为我们认识古代文明与文化艺术的重要见证。

（杨　鹤）

汉白玉大石盆

历经千载谜犹存

它，曾一度被讹传为，传说中渡岳飞母子于洪水中靠岸的神物"岳飞缸"。

它，朴拙典雅，庄重肃穆，口沿内刻有铭文百二十字，书兼隶楷亦森严，更似魏晋间遗物。

安阳博物馆旧址袁林（又称袁公林，为袁世凯陵园）内，有一个汉白玉雕成的大石盆，静静地肃立于堂院一角。据说，这个大石盆就是传说中的"岳飞缸"。当年，岳母抱着未满月的小岳飞就是坐在这个缸中顺洪水漂流到了岸边，逃过一劫。《宋史·岳飞传》记载："未弥月，河决内黄，水暴至，母姚抱飞坐瓮中，冲涛及岸得免，人异之。"意思是说，岳飞出生后尚未满月，遇黄河决堤，家乡发大水，岳母姚氏抱着岳飞躲进一只瓮中，被河水冲到岸边保住了性命，乡亲们见到都大呼神奇。

"岳母坐瓮"的传说虽然神奇，但事实上那一年岳飞的家乡并没有出现黄河决堤事件！

汉白玉大石盆

年代不详
高101厘米，口径135厘米
馆藏

岳飞出生之初即遭遇黄河大水的说法，实出于岳飞之孙岳珂在编写为岳飞歌功颂德的《鄂王行实编年》时所虚构的。

岳飞出生于汤阴县，而史料记载的是内黄县发生了黄河决堤。

北宋后期，黄河从内黄县城东面北上，而岳飞老家汤阴县永和乡位于内黄县城以西颇远。如若黄河在内黄县境内决口并冲到岳飞老家，那当属一次甚为严重的水灾了，但在《宋史》等多种记载宋代水旱灾情的文献中，都不见黄河在崇宁二年决口的记录，而且在二三月份，也不是黄河可能决口发大水之时。

《宋史·五行志·水》关于宋朝发生过黄河水患的记载是最详细的，但唯独没有岳飞出生那一年内黄县决堤的记录。

"岳母坐瓮"这一事件，虽然具备了完整的故事细节，可惜黄河决堤是非常重大的历史事件，只要这一事件被否定，整件事也基本上可以否定了。既然岳母坐瓮的事情纯属虚构，"岳飞缸"的存在也就子虚乌有无从谈起了。

那么，一直以来都被讹传为"岳飞缸"的大石盆，又究竟为何物呢？

最早发现大石盆的是清嘉庆十三年（1808）彰德府知府张森。他于嘉庆戊辰四月十二日在郡署题耑："河南彰德郡厅事前有石盆一，葵花形，高三尺，径五尺，厚不及二寸，裂而束之以铁。制作奇古，其中环列隶文四言铭，百二十字，而无款识亦不入郡乘，不知为何代物也……"这段话的意思是说：河南彰德府郡府的厅堂前有一个石盆，葵花形，有三尺高，直径五尺，不到二寸厚，因为已开裂而用铁环束起来。石盆制作工艺奇特而古朴，石盆的口沿内刻有一圈隶书的四言铭文，120个字，没有款识，地方志里也没有记载，也不知道是什么朝代遗留下来的……张森在抵达府署的第二天，就"异其器而摩挲之"，并将石盆中的铭文"拓数十通，装池成册"，分赠"好古者"，意思是说，张森将铭文拓印了数十遍并装订成册页，分别赠送给嗜好古玩的人，其中就包括当时的书法名家翁方纲和著名诗人张问陶等名流。翁方纲在拓本上留有长篇题跋"……玉字百二，贾鲂之体。维盘斯铭，维石斯底……"

张问陶，清代著名诗人，诗论家，书画家，与袁枚、赵翼合称清代"性灵派三大家"，著有《船山诗草》，其中有《郡斋石盆铭为张雨岩森太守题》绝句三首：

一

制作浑如雪浪盆，苍茫何代劚云根。

题名了不书谁氏，扫尽名心古道存。

二

仿佛龙门石佛龛，书兼隶楷亦森严。

未知五代何人手，犹有唐贤气味挽。

三

我亦行将领郡符，为君题句几踌躇。

风尘莽莽摇鞭去，能得韩陵片石无。

清末民初，范寿铭出任安阳县知县时也发现了这个石盆，"视为神迹"，并慨叹"金石诸书，均所未著"，遂与顾鼎梅将石盆铭著录于《河朔访古新录》和《河朔金石目》，二书刊行于1930年。范寿铭还写了一篇《彰德郡斋石盆铭拓本跋》："旧彰德郡署石盆，高三尺五寸有奇，口径二尺有奇。上侈而下敛。分书百二十，周遭刻于盆口之内。惜石质粗疏，风雨销蚀，日就灵落。余两宰安阳，每摩挲叹赏于其侧。觅善工拓之，仅一二字可辨。考之金石诸书，均所未著，而武氏亿纂《安阳金石录》于咫尺郡署，名迹亦复遗之，殊可异也。独《船山诗集》有《题彰德郡斋石盆铭》诗绝句三首，为石盆著录之先者。余读其诗，而求其文字，不复可得，益用怅然。民国五年于役大梁，有以墨拓故纸求售者，检视而得此铭，意外之遭，喜不成寐。时适编《河朔古迹》，将影印入录。以筹斯文冥溟中隐若有饷遗之者，岂偶然哉！至其辞恉雅驯，书体遒整，船山定为五代时物，质赏之有真也。"范寿铭在这篇题跋中讲述了他发现石盆的过程：读张船山《题彰德郡斋石盆铭》诗求其文字而不得的怅然，以及其后于民国五年在大梁偶然得到石盆铭拓本的意外之喜，恰巧此时他与顾鼎梅正在编撰《河朔古迹》，于是就将石盆铭影印录入。

中国社科院考古所于1994年将叶昌炽的《语石》与柯昌泗的《语石异同评》（稿本）合为一书，由中华书局印行，该书卷五"石盆题字"条目，柯昌泗录入了安阳石盆铭。

石盆原在安阳老城内东大街旧府衙二堂院，据曾参与筹建安阳市博物馆的赵士敏回忆，石盆于1957年移至安阳袁林（安阳博物馆旧址）堂院内，并被误认作“岳飞缸”讹传至今。2020年11月，石盆由袁林移至安阳博物馆新址。

石盆平面呈葵花形，12瓣，口稍侈。盆高101厘米，口径135厘米，口沿周长424厘米，腹围长401厘米，底围长310厘米，口沿厚6厘米，外卷1厘米。

石盆口沿内刻有铭文，八分书，凡120字，因年代久远，风雨剥蚀，多数文字已漫漶不清。范寿铭发表于1918年3月《河南教育月刊》第3期上的石盆铭释文中，铭文已缺13字。徐无闻先生于1991年寄来其先师易均室原藏石盆铭拓本复印件也只有80字，“文革”中佚其三分之一。1996年12月，时任安阳市博物馆馆长刘顺请人重制拓片，笔画清晰者25字，依稀可辨者36字。家父党相魁先生根据上述三份材料审辨整理的铭文如下：

粤有大器，制始完璞。秀发仑冈，精融行麓。雄镇地维，屹盘坤轴。匿采岫栖，蕴灵岩伏。质露□池，奇标□谷。磊块溢观，屼状巍□。哲匠思营，雅范神瞩。砥砺若金，磨砻比玉。象角葵分，文摩云簇。忠著倾心，智征卫足。涓纳广容，波澄净浴。规妙天成，玩踰珍蓄。裁硕仁方，□□学鹄。嘉尚幽贞，俨对祇肃。爰勒斯铭，介如永勖。

关于石盆铭的断代，也是众说纷纭，莫衷一是。张问陶绝句三首的第

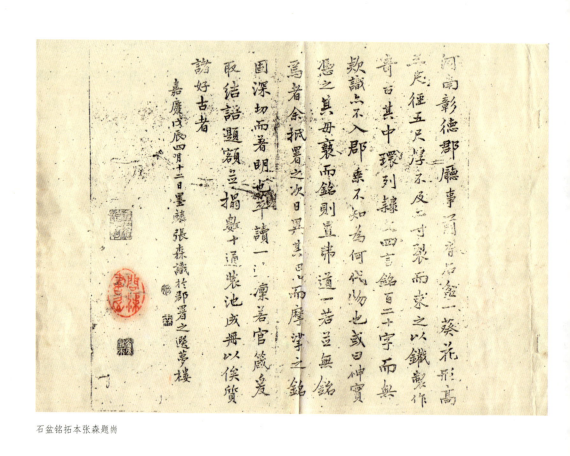

河南彰德郡廳事前有石盆一葵花形高
三尺徑五尺浮不及二寸裂而衆之以鐵製作
奇古其中環列隸二四言銘百二十字而無
款識六不入郡乘不知為何代物也或曰神實
憑之其毋襄而銘則置諸道一若豈無銘
爲者余抵署之次日異其思而摩挲之銘
固深切而著明也卒讀一二凜著官箴焉
取結語題額豈捐數十連裝池成舞以俟質
諸好古者
嘉慶戊辰四月十二日墨癡張森識於郡署之眠夢樓

石盆銘拓本张森题崗

096

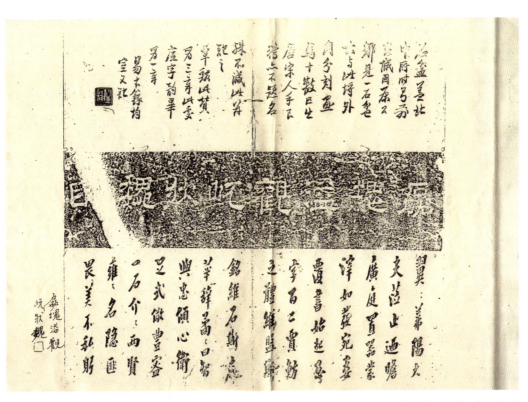

石盆铭拓本易均室、翁方纲题跋

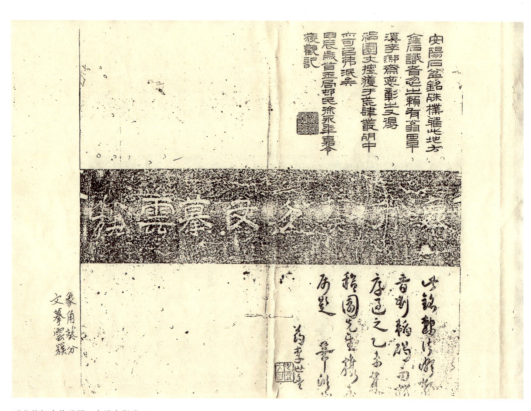

石盆铭拓本徐无闻、李世丰题跋

二首说："仿佛龙门石佛龛，书兼隶楷亦森严。未知五代何人手，犹有唐贤气味挼。"《河朔金石目》依据张问陶的诗句，审定石盆为五代间物。1955年易均室先生请李世丰为石盆铭拓本题跋，李世丰欣然命笔，题曰："此铭隶法颇类晋刘韬碣，而朴厚过之。"安阳博物馆前馆长、已故著名书法家刘顺先生则认为"石盆应是隋唐之前遗物"。而工于书法的焦智勤先生说："石盆铭的用笔结体有两晋书风。"党相魁《咏相州石盆三首》之二云："不类龙门题佛龛，书追魏晋意端严。未知邺下何人手，偶有北朝隶味挼。"综合上述看法，初步推定石盆为魏晋间遗物，是一件弥足珍贵的石刻文物。

从魏晋石刻到被误传为"岳飞缸"，从彰德郡署到袁林，历经千载，阅尽人世繁华。而今，安阳博物馆新馆寂寂的展厅里，大石盆依旧穆然肃立，一如前世。

（党　宁）

北齐薛脩义、宇文长墓志

桑田有变 徽音无绝

北魏时期，厚葬风气盛行，刻石以歌颂功德较为流行，于是便产生了大量的墓志铭。墓志作为中国古代丧葬制度中重要的随葬品，不仅具有重要的文献价值和考古价值，同时也具有极高的艺术价值。

　　公元 439 年，鲜卑族统一北方，建立北魏政权，北朝从此拉开了序幕，历经北魏、西魏、东魏、北齐、北周，共 200 多年的历史。北朝幅员辽阔，北至蒙古高原，西至新疆东部，东北至辽西，南部大致以秦岭、淮河为界，先后与宋、齐、梁、陈四个朝代对峙。北朝政权多为少数民族建立，但这些政权多推行汉化政策，全面学习汉族文化，在整个北朝时期，汉文化一直居于主流地位。在思想上，儒学思想在国家政治生活中发挥着重大的作用，同时，佛教、道教在北朝得到迅速发展。北朝时期，胡汉文化相互融合，相互影响，推动了文化艺术的开放性、多元化发展。

　　北魏时期，厚葬风气盛行，刻石以歌颂功德较为流行，于是便产生了大量的墓志铭。墓志作为中国古代丧葬制度中重要的随葬品，不仅具有重要的文献价值和考古价值，同时也具有极高的艺术价值。一般认为，中国墓志开始形成与使用是在西晋，其正式定形是在南北朝时。北朝墓志的大量出土，为人们研究当时的历史补充了大量的史料。同时，北朝墓志书法所独有的时代特征，也为中国书法艺术的发展提供了契机。

北朝书法保留了汉隶的古朴稚拙，同时因其处于由隶书向楷书转变的承前启后的过渡阶段，形成了古朴刚健、奇肆险峻的独特书法风格，为唐代楷书的形成奠定了基础，中国书法史上称之为魏碑体。除了北朝的造像题记、碑碣、摩崖石刻上的书法遗迹外，北朝墓志的大量出土，也为后人研究魏碑书法提供了丰富的研习资料。

一、北齐薛脩义墓志

北齐薛脩义墓志为石质，分志与盖两件，1999年出土于安阳县北丰村，2004年入藏安阳博物馆。志石通长94厘米，通宽93.5厘米，通高33厘米，盖厚17厘米。盖顶四周下斜，顶面双钩篆书"齐故司空薛公墓志铭"九字。志文34行，满行34字，共1122字。楷书，撇捺隶意尚足，用字还存篆法，起收方折，用笔厚重，尽显北朝质朴雄强的风貌，但结体已非常接近隋唐楷书。

志主薛脩义，《北齐书》卷二十和《北史》卷五十三皆有传。《北齐书》和《北史》中记载："薛脩义，字公让，河东汾阴人也。"概《北齐书》

薛脩义墓志

北齐（550—577）
长94厘米，宽93.5厘米，高33厘米
1999年安阳市安阳县北丰村出土

多参照《北史》之故，与志文"字脩义，河东龙门人"有异。

《北齐书》载，"脩义少而奸侠"，北魏咸阳王元禧为司州牧时，"用为法曹从事"。志文载，其"年十七"。《北齐书》载，北魏北海王元颢镇守徐州时，为"墨曹参军"。后还河东，在平阳、弘农等郡招募人马得七千余人，"即假安北将军、西道别将"。又因平定劝降叛军陈双炽等，"拜龙门镇将"。与志文相契合。

北魏孝明帝年间（516—528），薛脩义又与同宗薛凤贤一起叛乱，后自惭归顺魏廷，并劝降宗人凤贤等，被封为汾阴县侯，邑八百户。后被北魏权臣尔朱荣软禁，尔朱荣死后，北魏孝庄帝封其为"弘农、河北、河东、正平四郡大都督"。北魏前废帝初（约531），为"持节、右将军、南汾州刺史"。北魏普泰元年（531），高欢在信都起义讨伐尔朱兆后，薛脩义

薛脩义墓志拓片（局部）

随之。东魏天平中（534—537），拜卫将军、南中郎将，带汲郡太守，并汲郡、顿丘、淮阳、东郡、黎阳五郡都督。东魏元象初（538—539），拜仪同。沙苑之役后，因守晋州有功，拜晋州刺史，并任晋州、南汾、东雍、陕州四州行台。再后任齐州刺史，以黩货除名。后念其守晋州之功，复其官爵。后又因军功晋爵正平郡公，加开府，别封为平乡男。北齐天保初（550—559），任护军，别封蓝田县公，又拜太子太保。天保五年（554）七月卒，时年七十七（志文曰七十八）。赠晋太华三州诸军事、司空、晋州刺史。

《北齐书》和《北史》中记载薛脩义的内容，与墓志所载基本相契。而志文所载"薨于并州西汤亭"，谥号"武"，"天保五年（554）十二月安厝于邺城之西南"，均未见史书有载。

二、北齐宇文长墓志

北齐宇文长墓志为石质，20世纪末出土于安阳县安丰乡，2004年入藏安阳博物馆。志石通长71厘米，通宽68.5厘米，通高13厘米。志文30行，满行31字，共896字。志石断裂为三块，拼接后缺四字。首题曰：齐故骠骑大将军开府仪同三司瀛洲刺史尚书左仆射宇文公墓志铭。书体隶书，但方折上有楷的味道，字体方正典雅。志主宇文长未见史书记载，但有其墓碑与之相应，碑现存于安阳市韩王庙碑廊，碑文所载内容与墓志相合。据方若《校碑随笔》中载，宇文长碑出土于清光绪二十四年（1898）。

宇文长墓志

北齐（550—577）

长71厘米，宽68.5厘米，高13厘米

20世纪末安阳市安阳县安丰乡出土

墓志载，宇文长，字树生，清都成安（今河北磁县南）人。其"祖，羽真尚书"，"父，仪同三司"。北魏孝昌末年（525—527），"加给事中"，"稍迁步兵校尉，寻为柱国帐内大都督，以功封平城子"。后任持节云中太守、当郡都督，又任使持节都督云州诸军事、安北将军、云州刺史。永熙中（532—534），进位卫将军、右光禄大夫兼太仆卿，别封广武县开国子。

北齐高欢起义反尔朱兆后，"遥应义旗，赏平舒县侯"。天平初（534—538），任太仆卿。后任使持节都督光州诸军事、光州刺史，又任使持节都督南青州诸军事、南青州刺史。后改任使持节都督东燕州诸军事、东燕州刺史，授假仪同。天统中（565—569），拜仪同三司，加开府。天统五年（569）八月三日薨，享年九十一。诏赠使持节都督瀛、赵、沧、幽四州诸军事，骠骑大将军，瀛洲刺史，尚书左仆射。武平元年（570）正月迁窆

字文长墓志拓片（局部）

邺城西二十里。

另据宇文长墓碑记载，宇文长做南青州刺史的时候，曾配合斛律光之兄斛律平等，讨伐琅琊一带的山贼。《魏书》第一百零五卷之二载：武定四年（546）九月，"北徐州山贼郑土定自号郎中，偷陷州城，仪同斛律平讨平之"。概碑中所记之事与之相应。

（王玉清）

相州窑青釉刻花杯盘

北方青瓷 釉彩初现

相州窑是北方青瓷的重要窑址之一，也是中国白瓷烧制的创始地，在中国陶瓷史上占有非常重要的地位。这件青釉刻花杯盘，胎体浑厚，花纹精美，是隋代相州窑的杰出作品，它反映了隋代制瓷业的高超技艺和劳动人民的智慧与创造才能。

青瓷，是中国最早诞生的瓷器，在明清以前一直是我国瓷器发展的主脉，在中国古代瓷器发展史上占据着重要地位。

中国古代青瓷分为南北两大系统。南方青瓷出现的时间早，持续时间长，并且名窑名器层出不穷，历来为研究者所重视。相比之下，北方青瓷，特别是宋以前的青瓷由于资料不充分，尚缺乏全面的研究。直至相州窑的出现，奠定了北方青瓷的地位。相州窑作为北方青瓷的代表，距今有1000多年的历史。

青瓷，是在坯体上施以以铁元素为呈色剂的釉，在还原焰气氛中经高温烧制后呈青绿色或青黄色的瓷器。我国的青瓷在经历了原始青瓷、早期

相州窑青釉刻花杯盘

隋（581—618）

口径30.7厘米，底径18厘米，高14厘米

1975年安阳市活水村韩邕墓出土

青瓷之后，一般认为在 1800 年前的东汉时期进入了成熟阶段。所以这里所称的青瓷，一般是指成熟的青瓷。隋代瓷器仍以青瓷为主，重要的窑址有河南的安阳窑、巩县窑，河北磁县的贾璧村窑，安徽淮南窑，湖南湘阴窑和四川省的邛崃窑。

隋代作为中国瓷器烧造发展的转折时期，南青北白的瓷窑系统大体从这一时期开始明确，北方青瓷仍在烧造，并在此时得到长足的发展。安阳隋仁寿三年（603）卜仁墓出土的青瓷四系罐、杯、高足盘，是首次发现的具有明确纪年的隋代瓷器。20 世纪 50 年代，安阳又发现了隋开皇十五年（595）张盛墓，出土有大量青瓷器。70 年代，在安阳旧城城北、洹河之南发现了面积达 9 万多平方米的窑场，窑址中出现有五铢钱等遗物，由此得知其主要生产年代应在隋代。这是目前所知隋代窑址最大的一处，被称为安阳窑，是隋代北方重要的青瓷窑址。发现的窑体略呈圆形，窑壁系用耐火土建造。窑具有支烧具、支棒、器托、垫饼及范模等，支烧具数量最多，形制复杂，说明这里的烧瓷技术较为先进。瓷器主要有碗、高足盘、四系罐、钵、杯、瓶等，还有俑和骆驼等明器。北齐李云墓、北齐范粹墓、隋张盛墓和小屯隋仁寿三年墓出土的青瓷器均为安阳窑所烧制。

那么，安阳窑与相州窑有什么关系呢？其实安阳窑即相州窑。其原因有两个方面：第一，安阳古属相州之地，相州和邺郡是历史上的行政区划名称，因其治所在安阳城，于是又成了安阳的一个别名。尤其是在魏晋、隋唐时期，相州、邺郡名扬天下。第二，1986 年在安阳桥隋墓出土的殿宇建筑模型上刻有一个"相"字（隋代安阳称相州），这是当时窑工们在瓷器上刻印的地名或窑口名。由此看来，安阳窑即为相州窑。

相州窑是北方青瓷的重要窑址之一。它位于安阳市洹河南岸，发现于1974年，是南北朝至隋唐时期中国北方最大的青瓷窑址，也是中国白瓷烧制的创始地，在中国陶瓷史上占有非常重要的地位。相州窑瓷器产品的釉色以青釉为主，兼有白釉瓷器。青釉瓷器的胎呈灰白色，胎质细腻坚密。有的器物胎质稍粗，并羼有黑色砂粒。碗、罐、杯、盘、瓶、壶和罐盖等都为轮制，器耳和盖钮都是模制后用手安上去的。碗、罐、杯和瓶的底部均为矮座形实足，足心微内凹，足部及器外留有旋削痕迹。碗、罐、杯、瓶等，有的器内满釉，器外半釉，有的器内外都施满釉。青釉瓷器施釉之前普遍先上一层白色化妆土，又称护胎釉，然后再施青釉，因釉液浓度或釉层厚薄不同，釉色略有差异，一般呈豆青色，深的作青绿色，浅的为淡青色，少数淡青色釉微泛黄色或白色。大多有细开片。部分罐、杯、碗的下腹部有垂釉现象，呈青绿色。多数制作较精致，烧造技术也较高，釉层均匀，釉色莹润、明亮而有光泽。少数制作较粗或烧造技术欠佳，釉层已无光泽或已剥落露出化妆土，个别的还有冒气泡和粘釉现象。多数杯心、盘心和碗心留有3至12个不等的烧支痕。它们都是层层相叠，垫以支钉，然后入窑烧制的。

相州窑烧造的瓷器，器型修长，体态俊美。多种器物口部多作盘口状，口外侈，颈部较长，颈部之间安复式双耳或桥形耳，耳的高度与口沿的高度一致或略高于口沿，肩部比较斜。这种精巧的造型使得器物修长秀丽，给人以美感。相州窑瓷器的装饰艺术总体比较简朴，方法有刻、划花、印花等。瓷器以素面为主，以凹弦纹居多。纹饰有莲、忍冬、竹节、菱花、团花、草叶、水浪、火珠、兽面、瓦棱纹等。瓷器上装饰莲瓣纹应是受北朝佛教装饰艺术的影响所致。

相州窑的烧造时期大约在北朝时期。我国瓷器的烧造技术经过长时间的酝酿，到南北朝时期已迅速发展，相州窑也是从此时开始烧造的。目前，从考古发掘资料看，相州窑瓷器最早见于北朝时期的东魏墓。如2008年安阳县安丰乡洪河屯村东魏赵明度墓出土青瓷11件，其中两件青釉莲瓣纹四系罐精美绝伦。南水北调工程中，安丰乡段东魏墓出土了很多釉陶和青瓷器。民间收藏中，东魏至隋唐时期的青瓷器数量颇丰。到北齐时，瓷器烧造技术已达到相当高的水平。比如1958年北齐李云墓出土的黄釉绿彩四系罐及1971年北齐范粹墓出土的白釉绿彩瓶，器形端庄秀丽，色彩鲜艳，被陶瓷界称为北朝瓷器的杰出代表，多年来享誉国内外。到了隋代，比较著名的墓有张盛墓、梅园庄隋墓、活水村隋墓、置度村八号隋墓等。

安阳博物馆珍藏的这件青釉刻花杯盘，1975年出土于安阳市老城西南约6公里处的活水村隋代韩邕墓。青釉盘口径30.7厘米，底径18厘米，高14厘米，深2.7厘米，胎体浑厚，盘身施豆青色釉不到底，釉层均匀，釉色晶莹滋润，有细开片，盘内有7个支烧痕，盘下有喇叭形高圈足。

该青釉盘为浅口盘，口沿微外侈，盘心平坦，布满花纹，其中有团花、

青釉盘

莲瓣、花叶、草叶纹及凹弦纹等，盘内饰不规则形的凹陷小圆坑作蕊，蕊外饰莲瓣纹，花瓣肥圆，莲瓣纹外饰间隔花叶纹，花叶纹外饰草叶纹，在圆心、花蕊、花叶纹外均以双线凹弦纹相隔，这在以简朴为特色的隋代瓷器中极为少见。盘内花纹精美，整个画面规矩有序，繁缛细密，盘心再配以青绿色釉，晶莹滋润，富有光泽，精美艳丽。

与青釉盘一起出土的，还有6个青釉瓷杯，口径8.5至8.9厘米，高6.5至6.7厘米，碗口微敛，曲腹，平实足，施豆青色釉，杯内有3个支烧痕。这6个青釉杯大小虽有差异，但样式与做法却完全相同。

这件青釉刻花杯盘深厚饱满，制作精美，装饰华丽，釉层均匀，釉色莹润，是隋代相州窑的杰出作品，它反映了隋代制瓷业的高超技艺和劳动人民的智慧与创造才能，是研究隋代北方青瓷和相州窑瓷器的重要实物资料。

（杨　鹤）

四神十二生肖铜镜

百邪远人辑祥祯

四神十二生肖铜镜，器身厚重，铸造精美，镜背主题纹饰分为内外两区，内区饰有青龙、白虎、朱雀、玄武，外区等分十二大格，每格置一生肖神兽，十二生肖按顺时针排列。纹饰图案采用浮雕手法，惟妙惟肖，展现出高超的铸造工艺。

铜镜在中国已有四千多年的历史，在其发展史上，隋唐是铜镜铸造的一个繁荣时期。

隋代铜镜承继了前朝的遗风，镜体大且厚重，纹饰图案多四方配置，布局谨严，讲求对称，并常设置界格，纹饰种类以四神、十二生肖及其他瑞兽为主，其承上启下的风格，为以后唐镜的发展奠定了基础。

这件隋代四神十二生肖铜镜，直径24.6厘米，厚0.85厘米，镜体为圆形，镜背有圆纽，纽座四周饰有对称的瑞兽。镜背主题纹饰分为内外两区，内区由井字界格分为八个区域，上下左右主区域置青龙、白虎、朱雀、玄武四神，四角置鹿、麒麟等瑞兽。外区等分十二大格，每格置一生肖，兽首

四神十二生肖铜镜

隋（581—618）

直径24.6厘米，厚0.85厘米

馆藏

向左，十二生肖按顺时针排列。每一生肖间又有一小的间格，饰有各种小兽。镜背纹饰图案除四神及十二生肖主图外，辅助饰有各种小神兽二十个。器身厚重，铸造精美，纹饰采用浮雕手法，造型庄重大气，展现出高超的铸造工艺，具有典型的隋代铜镜特色。

隋唐时期，道教无论是在理论学说还是具体实践方面都渐趋成熟，而铜镜的发展亦处于第二次繁荣期，道教文化与铜镜铸造相互碰撞，使得隋唐时期具有道教因素的铜镜数量倍增。道教"至人之用心若镜"的思想，将镜喻为明道象征，使铜镜具有了崇高的神圣性。同时，在长生成仙的道教思想影响下，镜也成为一种瑞物、避邪物，具有了不可捉摸的神秘性。其中，隋代常见的传达着阴阳五行道教思想的四神十二生肖铜镜，不仅仅是一种日常生活用品，更是一种可使百邪远人的祥祯之物，蕴含着人们祈求吉祥的深刻含意。

在古代人们的认识中，青龙、白虎、朱雀、玄武四神，是神明，而非神兽，其又被称作四象、天之四灵，属于远古星宿崇拜的产物。《礼记·曲礼》中谈到四神："如鸟之翔，如蛇之毒，龙腾虎奋，无能敌此四物。"上古时期，人们将天空分为若干区域，称之为二十八宿，又将这二十八宿按方位、季节和四象联系起来，分为东、南、西、北四宫，每宫七宿，分别将各宫所属七宿连缀，想象为一种动物，作为"天之四灵，以正四方"，以青龙（苍龙）、白虎、朱雀、玄武（龟蛇合体之神）为名，分别代表东、西、南、北四方星宿，在图像上表现为"前朱雀、后玄武、左青龙、右白

四神十二生肖铜镜（局部）

虎"。四神完整体系的成立是在西汉以后，随着道教的兴起，四神不仅成为守卫四方的神灵，也成为驱逐邪恶、护卫民众的神物。

而十二生肖，是中国民间普遍流行的以十二种动物代表不同年份的民俗文化符号，即属相。

关于十二生肖的起源，长期以来争论不断。一般认为，十二生肖是十二地支的形象化代表，最早为古人计时所用。1975 年湖北云梦县睡虎地 11 号秦墓发掘出土的一批先秦时期的竹简中，于《日书》甲种背面可见这样一段文字："子，鼠也；丑，牛也；寅，虎也；卯，兔也；辰，龙也；巳，虫也；午，鹿也；未，马也；申，环也；酉，水也；戌，老羊也；亥，豕也。"其中除午鹿、未马、戌羊与今异外，巳虫、申环、酉水均与今相通。如巳虫，汉许慎《说文解字》有释，"虫，一名蝮"，蝮乃毒蛇；

申环，环乃古音之假借，即猿，今仍有"猿猴"之说；酉水，水乃古音雉之假借，雉即野鸡，或系后来避吕后"雉"之讳而改为鸡。

关于十二生肖，在《诗经》《礼记》《左传》等文献中都有零星记载。但最早系统性阐释十二生肖形制并流行至今的，则是东汉思想家王充，他在《论衡》中称之为"十二辰之禽"："寅，木也，其禽虎也。戌，土也，其禽犬也。丑、未，亦土也，丑禽牛，未禽羊也。木胜土，故犬与牛羊为虎所服也。""东方，木也，其星仓龙也。西方，金也，其星白虎也。南方，火也，其星硃鸟也。北方，水也，其星玄武也。天有四星之精，降生四兽之体。含血之虫，以四兽为长，四兽含五行之气最较著。案龙虎交不相贼，鸟龟会不相害。以四兽验之，以十二辰之禽效之，五行之虫以气性相刻，则尤不相应。"

汉代以后，道教把十二生肖定为教中的神灵。在太原北齐娄睿墓壁画中，就有十二生肖的形象。娄睿墓壁画中十二生肖的位置，是在天象之下，雷公之上，可见是把十二生肖当成了一种天神，以保护主人死后灵魂升于空幻境界。这与后来将十二生肖作为厌（yā）胜、避邪之物是一脉相通的。

本文所述的这件铜镜，除饰有四神和十二生肖外，还饰有二十个小的神兽，其中依稀可见麒麟、鹿等。

麒麟是我国神话传说中的仁兽，是人们心目中极为喜爱的祥瑞之兽，是仁慈和吉祥的象征。麒麟作为吉祥的瑞兽，经常出现在古代铜镜、石雕、瓦当、服饰、刺绣上。

从史料中的纹图可看出，麒麟的形象是随着时代而变化的，较早似鹿，后像马体、龙首。传统之说，麒为雄，麟为雌。《说文》云："麒，仁兽也，麋身牛尾，一角。麟，牝麒也。"麒麟性温良，"不履生虫，不折生草"，头上有角，角上有肉，"设武备而不用"，所以被认为是仁兽，"有王者则至，无王者则不至"。

中国古代具有道教元素的铜镜，无论从纷繁复杂、精美绝伦的纹饰内容上看，还是从日渐增多、形状各异的形制方面来说，无一不体现着古人对长生不老的追求和飞升成仙的渴望。也正是道教对镜的重视和使用，以及古代人们这种浓厚而迫切的情愫，从而丰富了铜镜的形制、纹饰、内涵等，使得道教文化与铜镜文化二者相得益彰，并在互相促进中得到了长久的发展。

（王玉清）

青釉多足辟雍砚

辟雍环水 千古永存

辟雍，又作璧雍，原指周王朝为教育贵族子弟而设立的大学，因校址圆形，四周环水，形如玉璧而得名。辟雍砚造型独特，圆形砚面突起，砚面与砚壁之间形成环形砚池，如辟雍环水，故名。

　　笔、墨、纸、砚是中国传统文化中的文书工具，人们通常把它们称为"文房四宝"。"四宝"中的砚也称砚台，它虽然在"四宝"中的排位居最后，但从文化流传和文化内涵方面来说，却始终居于首位，被誉为"文房四宝之首"。首先，这是由于砚台有独特的品质："性质坚固，传万世而不朽，历劫难而如常，留千古而永存。"宋代苏易简在《文房四谱》中说："四宝砚为首，笔墨兼纸，皆可随时索取，可终身与俱者，唯砚而已。"文人爱砚，爱的是矢志不渝的相伴。其次，砚台的创造包含有雕塑、书画、金石、文学、历史等多种文化艺术，内涵最为丰富。不同时代的砚式呈现出不同的风貌和品格，一方小小的砚台就是一段段历史文化的小切片。所以，

古往今来，砚台始终深受文人雅士的喜爱，并给予其高度的评价："砚为天地之精，助文翰，启文思。"

这件青釉多足辟雍砚，出土于隋代韩邕墓，圆形，高5厘米，径10.5厘米。砚堂居中，砚面凸起呈圆形，中心微下凹，周有凹槽形成环形砚池，直领，外有子口以承盖，底沿贴塑间隔不等的15只蹄足围成一周，蹄足束腰部分饰凸弦纹一道。砚面无釉，器身满施淡青色釉，微泛白色，有细开片。砚台造型浑厚，制作精美，瓷胎呈灰白色，胎质细腻，釉汁莹润，釉层均匀，明亮而有光泽，是隋代相州窑的精品。

韩邕，字显和，天宝元年（550）任赵州录事，至四年转任东郡丞，天统元年（565）特任徐州司马骑都尉，本号龙骧，进加骠骑，后弃官就垄。隋开皇七年（587）卒于相州灵泉县，

青釉多足辟雍砚

隋（581—618）
高5厘米，径10.5厘米
1975年安阳市活水村韩邕墓出土

时年 86 岁。韩邕墓位于安阳市老城西南约 6 公里的活水村，1975 年由安阳博物馆发掘清理。该墓系砖石墓，随葬器物共 13 件，其中瓷器 12 件，皆为青釉。瓷器的品类有碗、四系罐、高足盘、砚 4 种。其中的砚，即这件青釉多足辟雍砚，当时在安阳历年已发现的 200 余座隋墓中是首次发现。

墓中出土的瓷器与安阳一带的隋墓，特别是安阳北关隋代青瓷窑相州窑窑址中出土的青瓷相比，在器形、胎质、釉色、纹饰等方面都非常接近，它们当为安阳相州窑烧制。相州窑位于安阳市北郊洹河安阳桥南岸，源于北朝，兴盛于隋，衰落于唐，是我国北方早期规模最大的青瓷烧造的代表窑口之一，较早烧制了白陶，最早采用白色护胎釉工艺。相州窑烧造时间虽短，但因在我国的瓷器烧造历史上具有承前启后的作用而散发出夺目的光彩。

辟雍，又作璧雍，原指周王朝为教育贵族子弟而设立的大学，因校址圆形，四周环水，形如玉璧而得名。东汉蔡邕的《明堂丹令论》中解释为："取其四面环水，圆如璧。后世遂名辟雍。"《小戴礼·王制篇》有云："大学在郊，天子曰辟雍，诸侯曰泮宫。"

东汉以后，历代皆有辟雍，作为尊儒学、行典礼的场所，除北宋末年为太学之预备学校（亦称"外学"）外，均为行乡饮、大射或祭祀之礼的地方。汉班固《白虎通·辟雍》载："天子立辟雍何？所以行礼乐宣德化也。辟者，璧也。像璧圆又以发天，於雍水侧，像教化流行也。"

辟雍砚又叫璧水砚，起源于魏晋南北朝，盛行于隋唐，是砚史上独具特色的一个品类。其多为陶瓷质，具有颇为独特的造型，圆形砚面突起，砚面与砚壁之间形成环形砚池，砚足一般为蹄形多足、水滴形多足或圈足。辟雍砚在魏晋南北朝至唐代的墓葬中均有出土，且多为实用器，此种砚在形制上主要特点是砚池围绕砚堂周边，如辟雍环水。

　　辟雍砚既是文房用品，又是重要的考古断代标尺。早期的辟雍砚多青釉、青黄釉、酱褐釉，唐代发展为黄釉圈足砚或圈足镂空砚。在瓷器发展史上，辟雍砚是颇具观赏价值的艺术珍品，素为文人雅士和收藏爱好者所青睐，隋唐时期甚为流行，曾风靡一时。但从唐朝初年开始，端砚、歙砚、洮河砚、澄泥砚相继开发出来，并日渐盛行，成为我国石质砚称雄后世的开端，至明清时期，石雕技艺已十分精湛，使用随形砚的风尚已成，辟雍砚昔日的辉煌终难再现。

（王　莉）

唐三彩鸳鸯尊

实用与艺术的完美结合

唐代的三彩器，是陶器制作的新成就，其以色彩绚丽斑斓、造型精妙、内涵丰富而极负盛名，享誉海内外。这件唐三彩鸳鸯尊，身披绿、黄、褐三彩釉，釉色调染写实别致，是一件难得的唐三彩精品。

　　唐代是中国历史上最灿烂辉煌的时期，经济、文化都达到了前所未有的高度，也正是由于这一时期国力强盛，经济繁荣，社会安定，造就了唐代多元大气的审美和丰富灿烂的文化。在这种背景下，一种融雕塑、绘画、陶艺三种技术于一体的陶瓷艺术也应运而生，让世界为之惊叹，这就是"唐三彩"。

　　唐三彩名称的由来约有 100 年的历史。20 世纪初修建陇海铁路时，在洛阳发现了一批唐墓，出土了数量众多的多彩釉陶器，由于这些器物表面以黄、绿、褐三色居多，且均出自唐墓，所以被人们称为"唐三彩"，因其在洛阳发现，又有"洛阳唐三彩"之称。唐代经济发达，政治安定，

唐三彩鸳鸯尊

唐（618—907）

高22.3厘米，宽25.4厘米，底径13.9厘米

1974年11月安阳市龙泉公社吴家洞大队唐墓出土

盛行厚葬之风，三彩器是主要的随葬品之一。除此之外，唐东都宫殿遗址及居住区遗址都曾发现三彩器物。三彩器的广泛使用，促使其无论在制作手法还是工艺美术上都得以快速发展。

作为盛行于唐代的一种低温铅釉陶器，唐代的三彩器，是陶器制作的新成就。在此之前，中国陶瓷多以单色釉为主，而唐代创烧的三彩器，以色彩绚丽斑斓、造型精妙、内涵丰富而极负盛名。唐三彩在制作上，使用筛选加工后的高岭土，经过轮制、捏制和模制等制作工序使器物成型，再把成型后的坯胎晾干，后入窑进行烧制。烧制共两次，第一次素烧不上釉，温度在1100摄氏度左右。素烧冷却后，以施釉法、点染融彩法、加彩贴金法等进行第二次烧制，温度在900摄氏度左右。因为釉中含有铜、铁、锰、钴等金属元素，器物烧制后釉面色彩丰富、斑斓，呈现出绿、黄、褐、赭、红、蓝、白等多种颜色。而且，在釉中添加了铅、铝元素，以降低釉料的熔融温度，使器物在烧制中釉色出现浓淡变化，不同釉色相互渗透，烧制后整个器物不仅釉面色泽光亮，还会让呈色的金属元素浸润流动，显现出淋漓酣畅、色彩和谐、纹理自然的独特效果。

唐三彩不仅釉色多彩绚丽，在造型上也颇具特色，呈现出浓厚饱满、端庄大气之感。从造型上，三彩器大致可分为俑像类、器皿类、模型类三种。其中俑像类又分为人物造型、动物造型两类。本文所述的这件唐三彩鸳鸯尊，色彩艳丽，制作精细，整体造型以鸳鸯为形，是把人们喜爱的禽鸟形象，赋予一定的功能和寓意后，制作成器物。

唐三彩鸳鸯尊（局部）

　　这件唐三彩鸳鸯尊，高 22.3 厘米，宽 25.4 厘米，底径 13.9 厘米。器物整体呈卧姿，扁嘴曲颈，头部微微低垂，一双豆粒般大小的眼睛直视前方，双翼收合附身，尾巴微微向上卷起，器底有双蹼置于圆盘之上，背部有椭圆形口，身躯中空。禽鸟外形与器形巧妙融合，使器物色调、形态与真实物象相似，把一只羽毛美丽、形体丰满、性情柔顺、寓意美好的禽鸟表现得生动传神、惟妙惟肖。同时，这件鸳鸯尊还按照当时人们的生活需求，在器物上进行了身躯中空的设计，尊口开在背上，双脚立于圆形底座之上以支撑整个器物。实用与审美相结合，达到了形与需的统一。其在制作上，先塑模成型后，于坯体半干时用竹刀在器物表面进行细部的刻画，并通过在坯体上运用模印、刻画、堆贴、绘画等形式，使造型与釉彩相互映衬、相得益彰，更真实、更完美地表现出动物的形象。整个器物运用了写实的造型手法，器物表面以绿、黄、褐三彩釉装饰，釉色调染写实别致，是一件难得的唐三彩精品。

以禽鸟的形象制作成盛酒器，商周时期就有。之后，禽鸟的形象越来越具体和写实。《旧唐书·列传一百四十一·吐蕃》中，有唐太宗伐高句丽，班师归国后吐蕃遣使来贺的记录："太宗伐辽东还，遣禄东赞来贺。奉表曰：'圣天子平定四方，日月所照之国，并为臣妾，而高丽恃远，阙于臣礼。天子自领百万，度辽致辞讨，隳城陷阵，指日凯旋。夷狄才闻陛下发驾，少进之间，已闻归国。雁飞迅越，不及陛下速疾。奴忝预子婿，喜百党夷。夫鹅，犹雁也，故作金鹅奉献。'其鹅黄金铸成，其高七尺，中可实酒三斛。"文中记载的吐蕃所献黄金铸造的金鹅，内做中空可以盛酒，与唐三彩鸳鸯尊极为相似。

中国从原始社会时期就存在鸟崇拜，形成了社会民俗中饶有趣味的鸟文化。中国古代饲养家禽的历史可以追溯到距今四五千年的新石器时代晚期，它是随着我国原始先民的定居生活开始的。作为生活艺术的再现，人们以生活中所熟悉的禽鸟，如鸭、鹅、鸳鸯等形象制作器物，禽鸟类陶瓷造型艺术便应运而生。

这类以禽鸟为造型的器物，所要呈现的不仅仅只是一种形象，而是源于人们对事物的一种情感认知，同时也表达了唐代民众的一种情感追求，是人们在社会生活中有意识或无意识的一种审美情趣的体现。

唐代是丝绸之路的繁荣鼎盛时期，在这条承载着千年商贸史、融汇着四方文明的道路上，唐三彩这种泥与火淬炼而成的艺术结晶，作为丝路文明的见证，深深镶嵌在历史的长河中。时至今日，它斑斓的色彩、明亮的光泽、优美的造型，以及独有的艺术魅力，依然熠熠生辉，光彩照人。

（彭晓丹）

贴银壳鎏金宝相花铜镜

出淤泥仍光彩夺目

宝相花又称『宝仙花』『宝莲花』，是唐代铜镜纹饰中最具特色的图案类型之一，它集中了牡丹、莲花、菊花的特征，可谓集众美于一身。这面贴银壳鎏金宝相花铜镜，铸造精美，纹饰华丽，反映了铸镜工匠丰富的想象力和卓越的创造力，充分体现了唐代劳动人民的智慧和高超的工艺水平。

1988 年 1 月的一天，安阳市东郊乡东关村的一位村民在市委党校南边的池塘里挖莲菜，当他向下挖了约 80 厘米深时，挖到一个被泥巴裹着的物件，但这一物件已碎成了三块，他就把这三块被泥巴裹着的物件送到了安阳博物馆。另外他还拿着一块大泥团，说是在同一个地方挖出来的。经过安阳博物馆专业修复人员的清理发现，三块泥巴包裹着的是一面菱花形素面铜镜，经专家鉴定为唐镜。而大泥团清理完后，里面裹着一个鎏金的银壳，大约有一张铜版纸那么厚，重 28 克，上面装饰着凸起的宝相花图案，花纹以镜纽为中心，茎叶相连，竞相开放，布满壳身。经专家鉴定，此银壳应是贴在镜背上的。凝视这面铜镜，银壳纹饰极为华美，镜面铜锈

贴银壳鎏金宝相花铜镜

唐（618—907）

直径19厘米，厚1.4厘米，重1.24千克

1988年安阳市东郊乡东关村出土

斑斓，让人心中一时惘然，这面菱花镜不知历经何种沧桑而被深埋于污泥之中，直至千年之后才被人不经意挖出。菱花原本出于荷塘，这种柔美的水生植物，得风露后，于清晨时分细细品味，其清香远非其他艳花所能比。菱花镜当是最配美人的一种日用品了。

铜镜是我国古代照面饰容的用具。《书经》云："人无于水监，当于民监。"郭沫若曾说："古人以水为鉴，即以盆盛水而照容，此种水盆即称为监，以铜为之则为鉴。"所以铜镜亦称"铜鉴""照子"。它由镜背、镜纽、镜面三部分组成，材质为青铜，成分有铜、锡、铅等。铜镜的发展起源于齐家文化，经西周、春秋战国，到唐、五代、宋，晚至明清时期，历经4000余年。其中，唐代是我国铜镜发展的鼎盛时期。

那么，唐代为何会成为铜镜发展的鼎盛时期呢？铜镜作为古代青铜器中独成体系的工艺美术品，在唐代又经历了怎样的沿革呢？

铜镜在唐代的兴盛，总的来说可归于三个原因：一是因为唐代是一个全盛的时代，强盛的国力，富足的经济，繁荣稳定的社会，发达的交通等因素促使文化艺术空前繁荣。二是由于瓷器的出现，贵族们的生活用具由瓷器替代了铜器，导致铜器的生产渐趋衰落，金属制作工艺便主要集中在铜镜制造上，使铜镜铸制工艺取得了前所未有的成就。三是唐代不仅继承了汉魏的文化传统，而且吸收了异域文化，也汲取了其他民族的艺术精华，并将它们兼收并蓄，融合一体，形成了唐代铜镜装饰精美、丰富多彩的独特风格。在以上几种因素的推动下，促使唐代的铸镜业发展很快，并在铜镜上出现了许多中外合璧的纹饰和内容，出现了许多具有高超工艺水平的作品，使唐代铜镜在我国铸镜史中，达到鼎盛阶段。

唐代铜镜的发展主要经历了四个阶段：1.初唐，指唐代开国至唐高宗时期。这一时期的唐镜以圆形为主，兽纽，镜体加厚。瑞兽类纹饰是这个时期的主要纹饰。2.盛唐，指唐高宗、武则天时期到唐玄宗开元年间。这一时期流行瑞兽为主的瑞兽葡萄镜和飞禽花枝为主的雀绕花枝镜，同时，铜镜形制突破了圆形、方形的传统，出现了菱花镜、葵花镜等花式镜。3.中唐，指唐玄宗天宝年间至唐德宗时期。这一时期主要流行盘龙镜、瑞草镜、人物故事镜等，并出现了金银平脱镜、螺钿镜、贴金贴银镜等各种特种工艺镜。4.晚唐，指唐德宗时期到唐代晚期。这一时期的铜镜主要有花草镜、八卦镜等，铜镜艺术逐渐衰落。

安阳博物馆珍藏的这面唐代贴银壳鎏金宝相花铜镜，直径19厘米，厚1.4厘米，重1.24千克，属中唐时期铜镜。该镜为八出菱花形，圆纽，八连弧缠枝花纽座，纹饰分为内区与外区。内区纹饰以纽座为中心，由八朵莲花形宝相花连接，并竞相开放；外区是八朵盛开的莲花形宝相花花瓣呈放射状排列，环绕一周。内外区形成一幅完整的宝相花图案。此镜为特殊工艺镜——鎏金银背镜。经检测，鎏金部分金含量约为70%，银壳含银量约为90%，银壳厚0.17厘米，重28克。该镜镜身厚重，铸造精美，花纹繁缛，纹饰华丽，展示了唐代人的审美观念和艺术情趣，反映了铸镜工匠丰富的想象力和卓越的创造力，充分体现了唐代劳动人民的智慧和高超的工艺水平。

宝相花又称"宝仙花""宝莲花"，是唐代铜镜纹饰中最具特色的图案类型之一，它集中了牡丹、莲花、菊花的特征，可谓集众美于一身。宝相花的主体是佛教的莲花纹，宝相花纹饰在唐代的广泛应用与当时佛教的盛行有着直接的关系。佛教于西汉时期传入我国，经过魏晋南北朝的发展，到了隋唐进入极盛时期。同时，随着佛教的传入，作为佛陀世界重要象征的莲花纹也大量出现在铜镜以及各类装饰品上。

宝相花纹饰融合了忍冬纹、飞天纹、火焰纹等纹样，花朵多为六朵。安阳博物馆这面唐代贴银壳鎏金宝相花铜镜为内外双区八朵莲花形宝相花，呈放射状排列，其寓意为"花团锦簇，吉祥如意"。唐代宝相花花纹如同花中凤凰，有着丰富的文化内涵和极高的美学研究价值，为研究唐代铜镜提供了新的资料。唐代铜镜纹饰内容的丰富多彩，不仅是对传统艺术的继承和发扬，还是对现实生活的反映和再现，更是对外来文化吸收融合的结果。

唐代的金银平脱工艺是由金银箔贴花发展而来，是极具时代特点的器物装饰技法。而此类贴金或贴银的铜镜，又被称为金银壳镜，制作时，会先在金片或者银片上捶揲出相应的纹饰，然后再嵌入铜镜背部。由于工艺复杂且较为珍贵，传世和发掘出土的唐代金银平脱镜比较罕见。考古发现的唐代金银平脱镜多出土于河南、陕西两省。据《旧唐书·玄宗本纪》载："（开元十八年）以千秋节百官献贺，赐四品以上金镜、珠囊、缣彩……"

又《旧唐书·高季辅传》载："太宗尝赐金背镜一面，以表其清鉴焉。"这里提到的"金背镜"即是指铜镜背面贴金的特种工艺镜。本文介绍的这面贴银壳鎏金宝相花铜镜，与史书记载的背面贴金的特种工艺镜属于同一技法。或许是由于制作工艺难度较大，这类铜镜和其他铜镜相比，整体出土量和存世量都非常稀少。

唐代诗人王建有一首诗《老妇叹镜》："嫁时明镜老犹在，黄金缕画双凤背。忆昔咸阳初买来，灯前自绣芙蓉带。十年不开一片铁，长向暗中梳白发。今日后床重照看，生死终当此长别。"诗中提到的"黄金缕画双凤背"就是背面贴金的铜镜。

铜镜是古代文明，尤其是青铜文明的重要组成部分，凝结着能工巧匠的智慧、勤劳。透过唐代铜镜精美的造型、繁缛的纹饰、精湛的工艺，我们可以看到当时富丽堂皇、绚烂多姿的大唐风采。唐代铜镜的纹饰设计反映了当时社会的传统美学思想，承载着大唐的壮丽与繁荣。对其纹饰艺术和审美内涵进行研究，不仅能了解唐代铜镜纹饰艺术的发展变化，以及其展现的深厚文化底蕴，还能进一步理解和感悟唐代宗法制度下人们思想认识发生的变化，对梳理唐代社会发展有着重要的意义。

（杨　鹤）

白釉褐彩诗文瓷罐

雅俗共赏 别具一格

鹤壁窑，是中国北方地区大型民间瓷窑场之一，其烧造瓷器始于唐代，至宋元时期，发展成为著名的八大窑系之一。鹤壁窑继承和发展了前代开创的诗文瓷器，形成了别具一格的诗文瓷器文化，在中国瓷器史上影响深远。

这件诗文瓷罐，高23厘米，腹径27.2厘米，口径17厘米，底径17.3厘米，深21厘米，直口，鼓腹，白釉作地，以褐彩装饰，罐体肩部装饰花纹，为元代鹤壁窑烧造，属元代磁州窑系鹤壁窑的典型产品。瓷罐腹部有诗仙李白所作的《宫中行乐词》之一，书法挥洒自如，放荡不羁，与李白豪迈奔放、想象丰富、意境奇妙的诗歌风格相贴合。

鹤壁窑位于河南省鹤壁市，是中国北方地区大型民间瓷窑场之一，其烧造瓷器始于唐代。至宋元时期，鹤壁窑成为中国著名的八大窑系之一。其历经500余年，全盛时期面积约有84万平方米，呈现出"炉火照天地，红星乱紫烟"的烧造盛况。生产初期，因工匠烧造技术欠缺，产品以白、

白釉褐彩诗文瓷罐

元（1206—1368）
高23厘米，口径17厘米，底径17.3厘米
馆藏

黄、黑色系为主，瓷器样式简单，表面大多粗糙，装饰多弦纹、花卉纹等。
到北宋，鹤壁窑进入繁盛时期，鹤壁窑制瓷业迅猛发展，工匠技术和烧制
工艺突飞猛进，在前期经验积累的基础上不断壮大，烧造的瓷器质量大幅
提升，釉面均匀，胎质细腻，品种多样，器身纹饰图案引领时代潮流，契
合当时审美需求。纵观鹤壁窑历代所产瓷器，其整体装饰风格和磁州窑相
近，工匠采用极其洒脱的手法和精湛的技艺，寥寥数笔便将白底黑花的纹

饰图案呈现于器物之上。在题材表现上，他们将民间喜闻乐见的花鸟鱼虫、山水人物、戏曲故事、诗词曲赋等烧制于瓷器之上，描绘出了普通百姓对生活的热爱与向往。

安阳博物馆珍藏的这件鹤壁窑白釉褐彩诗文罐，肩部绘有椭圆与带状草叶相间的图案，并辅以弦纹纹饰，画风简洁。腹部是行书所书诗仙李白所作的《宫中行乐词》其中之一："柳色黄金嫩，梨花白雪香。玉楼巢翡翠，金殿锁鸳鸯。"这首诗的大意是：春日杨柳的嫩芽，色泽像黄金，雪白匿梨花，散发着芳香。宫中玉楼珠殿之上，有翡翠鸟在结巢，殿前的池水中置养着鸳鸯。孟棨在《本事诗·高逸》中记载了相关的故事："尝因宫人行乐，（玄宗）谓高力士曰：'对此良辰美景，岂可独自声伎为娱，倘时得逸才词人吟咏之，可以夸耀于后。'遂命召白……命为宫中行乐五言律诗十首。"李白因作此诗。"柳色黄金嫩，梨花白雪香"两句最为后人所称道。诗人首先以"柳色黄金"来描绘初春柳芽的颜色，但黄金给人的感觉是坚硬的，而柳叶儿却如婴儿的膏肤一般，柔软、细嫩，故诗文第一句便着一"嫩"字，这个"嫩"字不仅柔化了黄金的质地，而且赋予"柳色"特有的色泽和光辉。同样，"梨花白雪"也近乎传神，但似乎又有所欠缺，在其后加一"香"字，不仅使梨花获得了视觉之外的立体感知，而且赋予了白雪生命化的蕴涵。这一"嫩"一"香"，似乎让我们看到了新嫩的柳叶在春光中闪烁着温暖清新的光泽，闻到了雪白的梨花送来的阵阵清香。

将诗词烧制于瓷器上，由宋代兴起，金元时期达到鼎盛。宋金元时期，战争频仍，多民族文化融合互渗，对当时汉族人所拥有的经济文化产业，或多或少都产生了一定的影响，致使一大批窑工因战乱四处躲避，流失在各地，同时一部分汉族文人退隐山林，而为了生活，便加入了制瓷行业。于是，越来越多写有诗词的瓷器走进了千家万户。此类作为日常用品的瓷器不单单满足百姓日常生活的需要，而且也是文人义士抒发自己内心情感的一种新的表达方式，将个人情感寄托在一件件无声的瓷器上，使更多的人可以看到这些诗文，以寻求情感的共鸣。

在瓷器上写诗作画，始于湖南的长沙窑。中唐时期的长沙窑，因水土等原材料的因素，导致其烧制出的产品难以与当时其他的民窑相媲美。于是，聪明的商人创制了一种全新的营销策略，他们将那些优美的诗词曲赋烧制在瓷器上，集实用与审美于一体，让承载着浓厚文化意蕴的瓷器走进家家户户。唐之后的宋金元时期，制瓷业不断发展，当时，分布在中国北方规模较大的磁州窑系，将长沙窑独创的模式吸收继承，并发扬光大，形成了别具一格的诗文瓷器文化。

这件白釉褐彩诗文瓷罐是鹤壁窑的代表性产品，其为瓷诗文化、民间绘画，以及宋元时期社会风俗的研究，提供了实物。

（骆利冉）

王铎行书《长椿寺旧作五律诗》

雄浑恣肆 力道千钧

王铎是明末清初一位集大成的书法家，其书法艺术集魏晋古贤之气韵，取唐宋书风之意趣，博采众长，诸体悉备，尤擅行、草。王铎行书《长椿寺旧作五律诗》，劲健洒脱，笔墨醇厚，章法跌宕，笔力雄强恣肆，为其晚年精品之作。

　　一个时代的文化艺术，就是那个时代的人在当时的社会环境中，对社会、生存、人生的一种感悟与倾诉。书法艺术，其创作和发展与不同历史时期的社会生活、文化思潮密切相关。明末清初，国家政权危机四伏，统治集团内部政权之争异常激烈，社会动荡不安，变革的潜流四处漫延。在这一背景下，个性凸显、思想解放在明晚期应运而生，社会价值观念不断变化，传统审美趣味不断动摇，新的价值观念、思想认知汇成一股汹涌澎湃的文艺思潮。意识形态的转变，为明末清初的书法创作提供了开阔的艺术视野和精神养料。在这一文化背景之下，受到新的文艺思潮影响的书法家们，竞相标新立异，他们彰显个性、倾泻激情，不断创新，使书法艺术

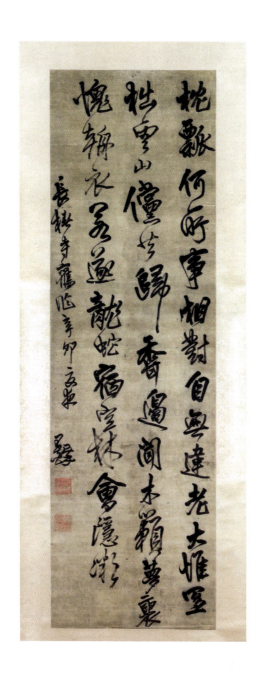

王铎行书《长椿寺旧作五律诗》

明（1368—1644）

字心纵164厘米、横50厘米

馆藏

继唐代狂草之后，形成了又一个浪漫主义书法高潮。在这一高潮中，造就了一批风格独特的书法大师，王铎即为其中一位集大成者。

王铎（1592—1652），字觉斯，一字觉之，号十樵、嵩樵、痴庵，又号痴仙道人、烟潭渔叟，河南孟津人，世称"王孟津"。王铎幼时家境十分贫寒，过着"不能一日两粥"的生活。明天启二年（1622）考中进士，任大学士，在崇祯朝中曾任南京礼部尚书。顺治二年（1645）五月，与钱谦益等众多官员降清，授礼部尚书。顺治九年（1652）病逝在家乡，谥文安。王铎博学好古，诗文书画皆佳，尤以书法见长，诸体悉备，名重当代，学者宗之。晚年书风更趋成熟老辣，其行草技法已臻化境。有《临王献之鹅群帖》《拟山园帖》《琅华馆帖》等传世。乾隆四十一年（1776），乾隆帝在命国史馆修编《贰臣传》时，将"遭际时艰，不能为其主临危受命，辄复畏死幸生，忝颜降附"的王铎、洪承畴、宋权、钱谦益等列入其中，为他们贴上了"贰臣"标签。

王铎的书法从法帖和师古入手，得力于《淳化阁帖》，朝夕摩挲，爱不释手。学古也是他的入门途径，他曾自谓："拟古者正为世多不肯学古，转相诟语耳，不以规矩，何能方圆。"王铎的书法集魏晋古贤之气韵，取唐宋书风之意趣，遵循从魏晋到唐宋的书法发展脉络，博采诸家之长，吸收古人精髓，熔羲、献、颜、柳、米、黄乃至张弼、祝允明等人的笔法于一炉，并以篆隶笔法融入，在师法"二王"风神洒脱俊逸的基础上，融入米南宫"风樯阵马"的沉着痛快，形成其雄浑恣肆、苍老劲健、不极势而

王铎行书《长椿寺旧作五律诗》（局部）

势如不尽的行、草书法风格。清戴明皋在《王铎草书诗卷跋》中道："元章（米芾）狂草尤讲法，觉斯则全讲势，魏晋之风轨扫地矣，然风樯阵马，殊快人意，魄力之大，非赵、董辈所能及也。"王铎学书尊古，但不泥古。他舍弃二王书中的姿媚而取其雄强，追求笔力的沉厚和结体的奇奥。在宗法唐宋诸家时，他也倾向于雄强恣肆一路的书风。他学习米芾，是因为米字纵肆奇险，笔势凌厉，八面出锋，沉着痛快，极富雄强之势。王铎还从唐张旭、怀素、高闲等草书大家的狂草中吸取跌宕、恣肆之势。明末清初藏书家、学者姜绍书在《无声诗史》中云："（王铎）行草书宗山阴父子（王羲之、王献之），正书出钟元常，虽模范钟、王，亦能自出胸臆。"王铎有自己独特的艺术追求，在学古临帖时能够遗貌取神，故能突破古人樊篱，形成自己纵横舒展、沉郁雄强、欹侧奇险而又气势磅礴的书法风格。王铎笔力雄健，长于布局。其行书不拘绳墨，风神洒脱；草书恣肆任性，挥洒自如，表现了撼人心魄的雄强。当时书坛流行董其昌书风，王铎与黄道周、倪元璐、傅山等人提倡取法高古，一改唐以来以秀媚、静谧、飘逸为主体的纯二王书风，转向奔放、热烈、厚重的风格，明确了多元化的发展方向，于时风中别树一帜。书画家吴昌硕在《缶庐集卷四》中说："文安健笔蟠蛟璃，有明书法推第一。清初的书家中，能冲破董、赵藩篱的人还有傅山。傅山的草书亦美，美得可感可叹，但在笔触与味道上却失于简单。而王铎的书法，则是一种苍凉与成熟的禅意，他流露出的矛盾与感伤使作品达到了一种至高的境界，这种境界，让后世观者倍感精到，为之击节不已。"

这件王铎行书《长椿寺旧作五律诗》，字心纵 164 厘米、横 50 厘米，竖幅，绫本，行书，凡 4 行，共 51 字。内容为五律诗："枕瓢何所事，相对自无违。老大惟宜拙，雲山倘共归。香边闻木籁，梦里愧朝衣。若遂龙蛇宿，空林会隐微。"署款：长椿寺旧作，辛卯夏夜，王铎。款印二白：王铎之印、烟潭渔叟。该作品为王铎入清后所作，"辛卯夏夜"即清顺治八年（1651），是王铎病逝前一年的作品，为其晚年精品之作。

王铎擅长行、草，劲健洒脱，淋漓痛快，这件行书诗轴在用笔、结字、章法等方面都堪称典范。其笔致沉着遒劲，风格粗犷豪放而法度犹存，结体奇险，笔法大气，劲健洒脱，气魄雄强，笔墨醇厚，章法跌宕，字与字之间节奏感强烈，气势奔放，充满力道千钧的力量，把阳刚之美发挥到极致。在笔画书写上，王铎使用了"涨墨法"技巧，这也是他对书法形式夸张对比的一大创新和功绩。"涨墨法"即用浓墨或将浓墨蘸水施于纸上，使墨与水洇于绫内，利用墨的枯润、浓淡的大反差，使作品产生动荡与跳跃之感，来增加书作的艺术效果。刘正成《中国书法全集》谓其："字生于墨，墨生于水，水者，字之血也。"这件行书诗轴中浓墨、焦墨和淡墨交替使用，使字的墨色变化多端，出现润、焦、枯等不同效果：涨墨渗晕，酣畅淋漓；枯墨干涩，字迹斑驳。此"涨墨法"应是王铎取法于绘画，将绘画的晕染技术引入书法的结果。这些墨法的运用，使作品燥润相生，平添了酣畅之气，具有极强的视觉艺术效果。

这幅作品不仅书法技艺了得，其诗章也具有很高的造诣。该五言律诗为王铎曾在北京长椿寺所作，他对这首诗颇为喜欢，才将其付诸笔端。该诗内容反映了王铎入清以后沦为"贰臣"的那种迷茫、纠结、郁闷的复杂心情。一方面，王铎作为降臣想要尽心竭力去辅佐新朝，做梦都怕愧对自己的朝衣、愧对朝廷；另一方面，清廷对王铎存有排斥鄙夷心理，王铎不被重视，所以他希望能像龙蛇一样隐匿空林，远离尘世，以摆脱降臣的烦恼。该作品字里行间饱含他感伤的情怀和落寞、孤寂的悲慨心境，寄寓了他对时事的慨叹。

王铎入清后的八年，从明朝旧臣变为清廷新贵，但在以气节自持的明代遗民眼中却被鄙为"贰臣"。"忠臣不事二主"是维护封建政治的伦理纲常，"舍生取义"是孔孟教义的要旨所在，王铎背叛了这些信条，使他悲剧的命运又蒙上浓重的暗影。"贰臣"身份和失节行为使他的内心极其不安，他始终背负着羞耻感和精神上的巨大压力，政治仕途不能向前发展，备受统治者的猜忌和排挤，生存在别人蔑视的眼光中，毫无自由与尊严，其内心忧愤、矛盾、痛苦，无法实现理想抱负，始终郁郁寡欢。但"贰臣"的失意遭遇对其艺术的发展却有很大的帮助，王铎身逢乱世，仕途多变，内心孤苦无依，为寻求解脱，只好转向另一个领域发挥才能。这期间诗文书画成为他排遣落寞情怀的方式，他潜心于书画艺术之中，书法成为其灵魂的栖息地。纵观王铎的人生际遇，我们不难理解为什么王铎的许多书法作品都有一种创作的冲动。在当时，或许只有那种雄浑恣肆、张扬个性、极具表现力的行草与狂草，才能彻底宣泄王铎的矛盾心情，以求得心灵上的解脱和慰藉。王铎的书法，特别是他的行草与狂草，正是他跌宕起伏命运的展现。

王铎虽然书法造诣很高，可在历史上他却因降清而被列入《贰臣传》，因为大节有亏，王铎的书法亦为一些人所轻，但他在书法史上的贡献是不容忽视的。清代书法家吴德旋在《初月楼论随笔》中云："张果亭、王觉斯人品颓丧，而作字居然有北宋大家之风。岂以其人而废之。"王铎在书法上是一位各体皆能、风格多样的书法全才，无论是伟岸遒劲的大楷、高古朴厚的小楷，还是那飞腾跳踯的行草，在明末清初书坛上都是一流的。王铎的书法深受时人和后人推崇，主要在于他的书法技艺和书法理论。王铎师古而不泥古，自创新意，对当时书坛风貌起到了振聋发聩的作用。书法家沙孟海《近三百年书学》云："（王铎）一生吃着二王法帖，天分又高，功力又深，结果居然能得其正传，矫正赵孟頫、董其昌的末流之失，在于明季，可说是书学界的'中兴之王'。"

王铎的书法不仅在中国产生了广泛影响，在日本、韩国、新加坡等国也深受欢迎。日本人对王铎的书法极其欣赏，还因此衍发成一派别，称为"明清调"。他的《拟山园帖》传入日本后，曾轰动一时。他们把王铎列为第一流的书法家，甚至提出了"后王（王铎）胜先王（王羲之）"的看法。

（郑嘉凤）

没骨画与恽冰《牡丹图》

颜色无因饶锦绣

"没骨法"既不是传统的写意平涂，也不是单纯的色彩渲染，而是对色、水、粉、意之间的关系进行辩证统一，以达到"曲尽造物之妙"的效果。恽冰的这幅《牡丹图》，设色清雅，格调脱俗，色阶层次丰富，色调深浅过渡自然，真实地展现出花瓣清淡雅丽之美。

中国画是历史文化的一种载体，它的出现、发展、盛行都跟时代发展息息相关，可以说中国画是历史的见证者，是古人留给现代人非常宝贵的"影像"资料。而独树一帜的"没骨画"，在中国画的发展史中占据非常重要的位置，它典雅温婉，清丽脱俗，被广大书画爱好者所喜爱。

"没骨法"是"不用勾勒，则染色无所依傍"之法。没骨画用色，既不是传统的写意平涂，也不是单纯的色彩渲染，而是对色、水、粉、意之间的关系进行辩证统一，以达到"曲尽造物之妙"的效果。

没骨的最早起源可以追溯到南北朝时期的著名画家张僧繇。他是南北朝时梁朝的大臣，吴郡吴中（今江苏苏州）人，被后世尊为画祖之一。张

恽冰《牡丹图》

清（1616—1911）

画心纵80.8厘米、横20厘米

馆藏

僧繇擅长人物、山水、花鸟画，他所作的"凹凸花"被一些人认为是没骨的起源。但是这个时候对没骨并没有一个成熟的概念。

至南唐，画家徐熙对没骨有了一定的探索和发展。他的花竹、禽鱼、蔬果、草虫等为世人所熟知，他所开创的花鸟画新技法，以落墨为主，着色为辅，色调清雅，自谓"落笔之际，未尝以傅色晕淡细碎为功"。当时徐熙独特的花鸟画风靡南唐，时称"江南花鸟，始于徐家"。

徐熙之孙徐崇嗣更是在继承了祖父的绘画风格之后，又有了新的突破。徐崇嗣是北宋画家，擅画草虫、禽鱼、蔬果、花木及蚕茧等。起初其画风承接徐熙的风格，但北宋时期宫廷花鸟的标准是"黄家富贵"，于是他效仿黄筌、黄居寀等"黄派"的风格，创造出了一种不需墨笔，直接以色笔图之的绘画方式。《图绘宝鉴》评价徐崇嗣"画花鸟，绰有祖风，又出新意，不用描写，止以丹粉点染而成，号没骨图，以其无笔墨骨气而名之，始于崇嗣也"。此时，没骨画才有了成熟的概念，进入大成阶段。

而将没骨画推至巅峰的，当属自称师法北宋徐崇嗣的清初画家恽寿平。恽寿平，原名恽格，字寿平，后又改字正叔，号南田，江苏人氏，为"清初六家"之一。恽寿平是清初画坛著名的画家和理论家，他擅画花鸟、山水，且被誉为诗、书、画三绝。恽寿平的花鸟画以北宋徐崇嗣没骨法为宗，重视师法造化，极力追求神韵，敷色明丽，用笔工整俊秀，粉笔带脂，点染并用，并巧妙运用水和色，恰到好处地在色中施水，创"色染水晕"法，丰富了没骨画法的表现手段。他的花鸟画，清新简逸，风格简洁精致，直率自然，创造了明洁淡雅的理想化之美的境界，并且对明末清初的花鸟画坛有"起衰之功"；他的山水画，轻笔淡墨，空灵简远，深得元人冷淡幽隽之致。他开创了"常州画派"中的"恽派"，与"四王"、吴历并列为清初六家。

没骨画最高妙的地方就在于如何用水，这一点使恽寿平极大地发展了没骨画技法。他根据花卉的特性、生长季节和时间变化，恰当地采用水晕的表现手法，从湿润到枯竭，将花卉的生长变化巧妙又恰到好处地描绘在画面中。不论是工笔画还是写意画，他的水晕方法使色与水交替晕染，浑然天成。水本无色，而在他的笔下，水能变成无数种颜色。恽寿平在题款中说："得笔法易，得墨法难；得墨法易，得水法难。"其画作正是在这个最难点上取得了突破。

在中国古代美术史里，因为封建社会体制的影响，女性画家是极少数的。清代早期，因为中西文化的交融，女性思想开始转变，有很多女性纷纷开始学习诗文书画，恽寿平家族后裔恽冰就是这个时期一位重要的女性画家。

恽冰，字清於，号浩如，别号兰陵女史，亦署南兰女子，武进（今江苏常州）人，生卒年月不详，主要活动于乾隆年间，为清初画坛"清六家"中恽寿平家族后裔。恽冰生于书画世家，自幼学习诗文，家中藏有很多恽寿平的画作，可供其观赏学习，其绘画风格深受恽寿平的影响。乾隆初期，江苏巡抚君继善以恽冰画进呈孝圣太后，得到乾隆的题诗嘉奖。

恽冰《牡丹图》（局部）

　　安阳博物馆这幅恽冰的《牡丹图》，为竖幅绢本没骨画，主要内容是折枝牡丹。画面左上自题："色赋红闺分外新，散花本是惜花人。料应握得徐熙笔，一段香生腕底春。"署款："于瓯香馆，南兰女史恽冰写。"钤款有二印：朱白相间的"恽冰印"与白文"清于女史"。

　　此画署款："于瓯香馆，南兰女史恽冰写。"表明此画作于瓯香馆。而瓯香馆是恽寿平的家，从这里可以看出恽冰不仅能经常欣赏恽寿平的作品，甚至可以直接观摩恽寿平作画，以及得到恽寿平的指点，其也深受恽寿平的喜爱。

恽冰《牡丹图》（局部）

  恽冰深得恽寿平的真传，她所创作的这幅《牡丹图》，设色清雅，钟灵毓秀，格调脱俗，气质单纯，呈现出一种自然之美，并带有女性独有的细腻，非常符合当时贵族阶层的审美趣味。整幅画，清新简逸，风格简洁精致，直率自然，散发出女性的温柔娇美。牡丹花雍容华贵，国色天香，一白一蓝，莹莹生辉，色阶层次丰富，色调深浅过渡自然，真实地展现出花瓣清淡雅丽之美。叶子错落有致，随性洒脱又不失稳重，衬托得花朵更加水嫩芬芳。用枝干辅以叶片进行空间分割，衔接花朵，以调整整幅画的节奏感，构成了没骨花鸟的独特韵味。

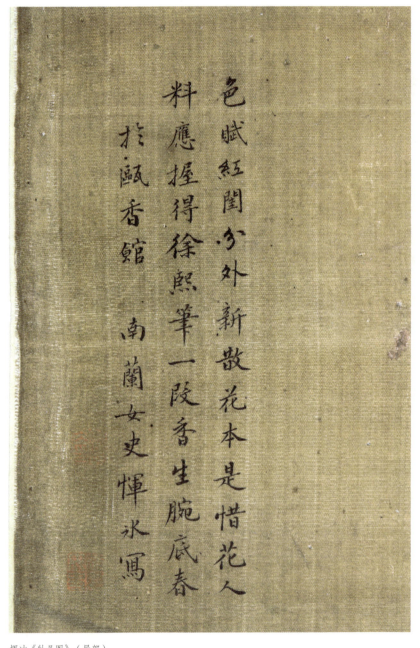

色賦紅閨分外新 散花本是惜花人
料應握得徐熙筆 一段香生腕底春
於甌香館 南蘭女史惲冰寫

惲冰《牡丹图》（局部）

此画先以浅墨线简单勾勒出两朵牡丹的形。在为主花白牡丹的花瓣设颜色时，一支笔蘸色，一支笔蘸清水，先用色渲染，再用水笔迅速将其染开，分多次渲染，使白色由深至浅，自然过渡。也就是现在所说的分染法。为蓝牡丹的花瓣设色时，使用两只不同颜色的笔，在第一种颜色未干时用第二种颜色撞入，使花色对撞成色，形成自然和谐、鲜润亮泽的变化。即我们现在所说的撞染法。叶片以没骨法绘制，阴阳翻转，气韵生动，颇具立体之感。最后勾上叶脉，点上花蕊，画上枝干，落上署款。从此画的技法来看，恽冰的没骨花鸟技法，纳多家之长，吸取精髓，融入自我，真正实现了"道法自然"。

恽冰是古代美术史中为数不多的女画家，才华横溢，在男权至上的封建时期她能脱颖而出，可见其绘画技艺的不凡。恽冰作为恽派的代表人物，她的艺术成就在中国美术史上具有重要地位和影响力，特别是对后世女性画家的思想和绘画风格有着深远的影响。

（杜　楠）

《无双谱》人物图青花瓷方瓶

无双英名载瓷瓶

"无双谱瓷器"是因在瓷器上绘有《无双谱》中的人物图案而得名，它融绘画、书法于一体，内容丰富，别具一格。这件清代《无双谱》人物图青花瓷方瓶，人物绘画传神生动，文字书写工整精细，不仅是我们了解历史名人的一扇窗，也是该类型瓷器生产流行时那一特殊历史时期社会生活状况的见证。

《无双谱》又名《南陵无双谱》，是清代版画的力作，刊刻于清康熙三十三年（1694）。绘者选取了从汉代至宋代1400多年间40位广为世人称道的举世无双的名人，绘成绣像并题诗文。这40位历史名人分别是：张良、项羽、伏生、东方朔、张骞、苏武、司马迁、董贤、严子陵、曹孝女、班超、班惠姬、赵娥、孙策、诸葛亮、焦孝然、刘谌、羊祜、周处、绿珠、陶渊明、王猛、谢安、苏若兰、花木兰、冼夫人、武则天、狄仁杰、安金藏、郭子仪、李白、李泌、张承业、冯道、陈抟、钱镠、安民、陈东、岳飞、文天祥。《无双谱》的绘者是清代擅长人物画创作的画家金古良，著有《无双谱》《历朝诗选》，并行于世。镌刻者朱圭为康熙时期的御殿

《无双谱》人物图青花瓷方瓶

清（1616—1911）

高41.2厘米，口径12.1厘米，底径10.3厘米

馆藏

刻工，曾刻凌烟阁功臣图及两汉至宋名人图像。

"无双谱瓷器"是因在瓷器釉面上绘有《无双谱》中的人物图案而得名，其绘画特点突出，画片精美。自康熙朝起，这种题材完全是按照版画为蓝本摹画的，到清代中晚期，在民窑粉彩瓷画中十分盛行，主要流行于嘉庆、道光和同治时期，直至清末，是清代瓷器中的一个重要品种，深受人们喜爱。"无双谱瓷器"的突出特点是绘画和题文并存，图文并茂。将《无双谱》中的人物作为瓷器装饰图案，所绘人物数目不等，既有单个人物，也有两个、三个或四个人物，多绘于器物腹部，人物造型别具一格，生动传神。"无双谱瓷器"上的文字主要是记述所绘人物的简要生平事迹，文字大多微小精致，具有极高的书法艺术特色。传世的这类题材的瓷器，种类繁多，有瓶、盘、碗、坛、罐、笔筒、帽筒等，大多为粉彩器，也有青花瓷，其中还有不少造型独特的器物。

这件清代《无双谱》人物图青花瓷方瓶，原为安阳市文物管理检查委员会收藏，1961年3月移交给安阳博物馆。该瓷瓶通高41.2厘米，口径12.1厘米，底径10.3厘米，腹径15.8厘米，腹围63厘米，深40厘米。平沿，口外撇，束颈，折肩，腹下收，卧足，整个器物呈方形，通体施白釉绘青花，四面分别绘东方朔、郭子仪、苏若兰、王景略图像并题文。

值得一提的是，该器物颈腹实际是由12个平面围成，属于瓷器中比较少见的方器。相对于圆腹的瓷器来说这种方器的制作难度更大，工匠制作一个圆形的器物通过拉坯即可成型，但是制作方形瓷器却很难，方器除

苏若兰

了要解决拉坯应力的问题，还要解决烧造中变形的问题。方器由片状物聚拢在一起，在高温烧制中极易收缩，一旦收缩，平面就会变成弧面。本文所述的这件方瓶，使用多个小平面拼接的方式减少了收缩变形的影响，匠心独运，得偿所愿，使得器形较为周正，十分不易。因此，这件无双谱方瓶较为难得。

瓶体腹部四面装饰有四位历史名人，并配有题文。

一面为苏若兰，配文赞其《璇玑图》：

五彩相宣广八寸，织得回文寄妾恨。文中能织君心回，襄江愁杀赵阳台。

苏若兰 苏蕙，字若兰。窦滔镇襄阳，携宠姬赵阳台往，苏织锦成回文寄滔，情好如初。回文广八寸，五彩相宣，凡八百四十字，得诗三百余首。

苏蕙是十六国时前秦女诗人，字若兰，始平（今陕西兴平）人，丈夫窦滔。苻坚时期，窦滔为安南将军，镇守襄阳，窦滔携宠姬赵阳台往，蕙不肯同行，窦滔竟与之断音问。苏蕙很伤心，织锦为回文诗以寄。这首诗共 840 字，循环颠倒都能读通，诗意悲伤，表达了深切的相思之意。窦滔感动，迎她往襄阳，而送归赵阳台于关中。

二面为郭子仪，配诗题曰《中书考》：

功盖天下主不疑，位极人臣众不嫉。千古将相之所难，令公得此由何术。得丧齐危安一，方寸心中天日。

尚父郭汾阳王 子仪字子仪，华州郑人，事上诚，御下恕，握兵处外，诏至即日就道，故功高震主而谗间不行，校中书二十四考，封汾阳王，以身为天下安危者二十年。

郭子仪在平定"安史之乱"中，参与指挥了攻克河北诸郡之战、收复两京之战、邺城之战等重大战役。"安史之乱"后，他计退吐蕃，二复长安；说服回纥，再败吐蕃；威服叛将，平定河东。他戎马一生，功勋卓著。史书称他"再造王室，

郭子仪

勋高一代"，"以身为天下安危者二十年"。郭子仪不但武功厥伟，而且还善于从政治角度观察、思考、处理问题，资兼文武，忠智俱备，故能在当时复杂的战场上立不世之功，功高盖主却又在险恶的官场上得以善终。

三面为东方朔，配诗题曰《星精谣》：

索米飒至尊，臣朔自言贫。斫肉遗细君，臣朔自言仁。滑稽待金马，游戏披逆鳞。星精固难信，人间无此人。

东方曼倩 曼倩名朔，平原人。武帝朝上书称旨待诏金马门。为滑稽之雄，或云朔为太白星精。

东方朔，字曼倩，平原郡厌次县人，西汉时期著名的文学家。东方朔以近侍的身份与汉武帝相伴多年，亦对汉武帝的行为举措产生了一定影响。东方朔利用其接近汉武帝的机会，察言观色，一有机会便直言劝谏。在修上林苑之事上谏武帝戒奢恤民，在昭平君杀人之事上谏武帝公正执法，

东方曼倩

在主人翁事件上谏武帝矫枉风化。东方朔性格诙谐，言词敏捷，滑稽多智，著有《答客难》《非有先生论》等名篇。

四面为王猛，配文题曰《无卿比》：

北海鬻畚人，乃是真国士，扪虱若无人，江东无卿比。晋虽僻陋愿勿图舟中敌国，无时无如何。景略死未久，风声鹤唳惊秦苻，吁嗟乎，国之存亡系一夫。景略死，何必岁星今在吴。

王景略　北海猛，少贫贱，以鬻畚为业。桓温入关，猛被褐谈当世之务，扪虱而言，旁若无人。温曰江东无卿比也。坚王秦猛相之兵强国富，临没，告坚曰，吴越乃正朔相承，愿勿以晋为图。

王猛，字景略，北海郡剧县（今山东省寿光市）人，十六国时前秦大臣。王猛出身贫寒，善于谋略和用兵，与东海王苻坚一见如故，成为苻坚的股肱之臣。

东晋时，桓温北伐，击败苻健，驻军灞上（今陕西省西安市），王猛身穿麻布短衣求见。桓温请王猛谈谈对时局的看法，王猛在大庭广众之中，一面扪虱，一面纵谈天下大事，滔滔不绝，旁若无人。桓温称"江东没有一个人能比得上王猛的才干"。后王猛病危，前秦第三任国君苻坚向其询问后事，王猛睁开双眼，望着苻坚说："晋朝虽然僻处江南，但为华夏正统，而且上下安和。臣死之后，陛下千万不可图灭晋朝。鲜卑、西羌降伏贵族贼心不死，是我国的仇敌，迟早要成为祸害，应逐渐铲除他们，以利于国家。"符坚在淝水惨败后经常痛悔自己忘记王猛遗言的大错，但已悔之晚矣。

这件青花瓷方瓶的艺术价值主要体现在以下三个方面：一是绘画，器身绘画的人物造型别具一格，神采飞扬，传神生动，富有艺术气息。二是书法，该器物的所有文字均为手工书写，主要记述人物的简要成名事迹，这些文字工整精细，充满时代气息，具有一定的书法造诣。三是整体造型，该器物一改常见瓷器圆腹圆身的形状，给人以棱角分明又敦实稳重的美感，既有商周青铜器的造型韵味，又呈现出自身独特的艺术创意，观赏性较强，颇具审美价值。

"无双谱瓷器"问世之初，并没有广泛流行。到了道光年间，爆发了鸦片战争，黎民百姓的生活遭受着鸦片和战争的双重摧残，人们渴望各类英雄来拯救中华民族于危难之中，因此，该类题材的瓷器便迅速广泛流行开来。人们追捧"无双谱瓷器"，除了喜欢瓷器上的绘画装饰以外，还有寄托心声、表达愿望的因素，所以这件《无双谱》人物图瓷方瓶不仅是我们了解历史名人的一扇窗，也是该类型瓷器生产流行时那一特殊历史时期社会生活状况的见证。

（刘元培）

高其佩指画《高士图》

指头一技称独绝

指画是以手指、手掌、指甲等代替毛笔运指施墨，从心到手，意随指运，心手相应。高其佩八岁学画，中年以后，"舍笔而求之于手"，用指头作画，所画亭阁、人物、花鸟、鱼虫无不简恬生动，笔墨精细，设色艳丽，精妙绝伦。

指画，特指用指头、指甲和手掌代替传统绘画工具——毛笔，蘸水墨或颜料在纸绢上作画，别有趣味，又称"指墨画""手指画"等。它是在继承传统国画用笔技法的基础上发展起来的一种新的艺术形式，是传统中国画的一个分支。由于指画是以手指、手掌、指甲等代替毛笔运指施墨，从心到手，意随指运，心手相应，故能直抒胸臆，随性挥洒，意趣天成。刘岩在《中国指画艺术特色与美学价值研究》中指出："中国画的人文和生命精神是中国画的最高纲领，而指画又是中国画中以指代笔直抒表达画家精神生命的一种方式。"

指画相传起源于唐代，据唐张彦远《历代名画记》载："（张璪）自

高其佩指画《高士图》

清（1616—1911）

画心纵168.5厘米、横54.5厘米

馆藏

撰《绘境》一篇，言画之要诀。词多不载。初，毕庶子宏擅名于代。一见惊叹之。异其唯用秃毫，或以手摸绢素，因问璪所受。璪曰：'外师造化，中得心源。'毕宏于是搁笔。"人们据此认为是张璪开手指画先河。自唐以来与指画有关的故事很多，明代的吴伟、傅山与清世祖福临等也曾以指作画，但他们只是一时的游戏之作，终究没有形成画派。直至清康熙年间，高其佩以指墨为宗，创作了大量的指画作品，将指头画法运用得淋漓尽致，山水、亭台楼阁、人物、花卉、鸟兽等各种绘画题材都可以信手拈来，收放自如，一时成为风尚，学者众多，从此指画在国画中才立为一格。因此，真正意义上的指画艺术，只有清代的高其佩才是其开宗立派的创始人。高其佩的指画艺术成就，对后世影响很大，被称为中国指画的鼻祖。高其佩的外甥李世倬在《岁朝图》中题款曰："指头蘸墨肇自少司寇且园舅氏，古无有人也。"

高其佩（1660—1734），字韦之，号且园，奉天辽阳（辽宁沈阳）人，隶汉军镶黄旗，生于官宦之家，以荫官至户部侍郎。卒谥恪勤。工指画，凡山水、人物、花木、鸟兽无不精妙。《清史稿》评价高其佩："画有奇致，人物、山水，并苍浑沉厚，衣纹如草篆，一袖数折。尤善指画，尝画黄初平叱石成羊，或已成羊而起立，或将成而未起，或半成而未离为石，风趣横生。画龙、虎，皆极其态。世既重其指墨，晚年以便于挥洒，遂不复用笔。其笔画之佳，几无人知之。"

据高秉《指头画说》记载，高其佩创作风格历经三变："少壮时以机

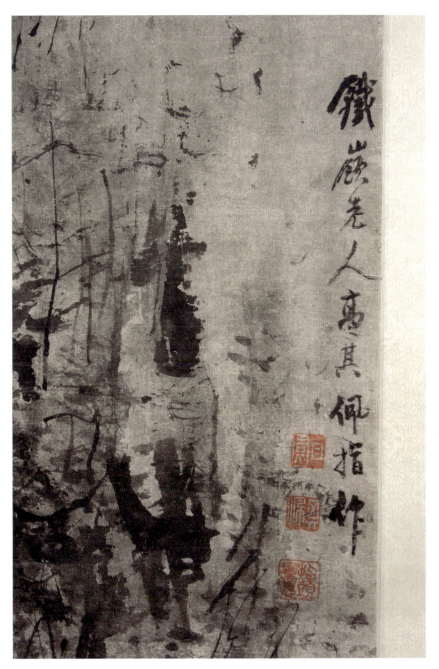

铁巅老人高其佩指作

《高士图》（局部）

趣风神胜，多萧疏灵妙之作；中年以神韵力量胜，或简淡古拙，或淋漓痛快，或冷峻闲远，或沉着幽艳，千变万化，愈出愈奇；晚年以理法胜，深厚浑穆。"高其佩八岁就开始学习绘画，早期临摹大量前人作品，所绘山水人物受明代画家吴伟影响较多，花鸟学元人陈琳、张守中。中年以后，"舍笔而求之于手"，用指头作画，所画亭阁、人物、花鸟、鱼虫无不简恬生动，笔墨精细，设色艳丽，精妙绝伦。晚年因指画便于挥洒遂不复用笔，而指头一技称独绝矣。高其佩是一位富有中国传统文化底蕴的大家，是将指画发展到辉煌高峰的一代宗师。他的指画山水，气吞云海，蕴涵天地；指画花鸟，枝头吟唱，香气袭人；指画人物，线条飞动，眉目传神。清李在亭《在亭丛书》载："以指为画，始于高铁岭使君韦之，凡人物禽兽草虫，不假思索，骄指点黔，顷刻数十幅，随意飞动，无不绝人。"

关于高其佩创作指画的历程，其子高纲在题《柳莺图》中介绍："盖梦白发翁，前导入土室。空壁撰灵泉，万象出新沐。碎无颖墨俱，临摹惟指属。翁辄喜欲狂，大笑忽惊觉。觉后悟仙机，柔毫遂不握。"其侄孙高秉所著《指头画说》中记载更为详尽："恪勤公八龄学画，遇稿辄抚，积十余年盈二簏。弱冠即恨不能自成一家，倦而假寐，梦一老人引至土室，四壁皆画，理法无不具备。而室中空空，不能抚仿，唯水一盂，爱以指蘸而习之，觉而大喜。奈得于心而不能应之于笔，辄复闷闷。偶忆土室中用水之法，因以指蘸墨，仿其大略，尽得其神，信手拈来头头是道，职此遂废笔焉。曾镌一印章云'画从梦授，梦自心成'。中年画'推蓬画册'

十二页，自题此意于首幅，伯兄惠畴，藏宝家画，中以此册为第一神品。"所谓"画从梦授"，乃是高其佩对绘画艺术的不懈追求，弱冠（20 岁）即恨不能自成一家，为求突破前人藩篱，进行了长期的绘画实践与思索，终于独辟蹊径，以指画开宗立派，轩然独绝。

安阳博物馆珍藏的高其佩指画《高士图》，画心纵 168.5 厘米、横 54.5 厘米，竖幅，纸本。画幅上半部峭壁垂藤，其下为一抹山水，二高士于山坳中对坐，旁置酒坛，似对饮，又似对弈。右上署款："铁岭老人高其佩指作。"钤款印三："且园""其佩"，白文；"指头画意"，朱文。该图简淡天真，意蕴通禅，是高其佩晚年指画精品。

高士也称"隐士""名士""幽人""高蹈""逸士""逸民""处士"等，是把知识分子与他们高洁的人格绑定在一起的常用称呼，取《易经》"不事王侯，高尚其事"的意思。在汉语词典中，高士解释为"志行高尚之士，古代多指隐士"。高士与一般的文人相比，高在见解与取舍的不同，高士们往往都具有品性高洁的君子品质，对于权贵和财富超然淡泊，他们德行高尚、眼光深远、博学高雅，往往隐居山野，清高不仕。王亚军《高士文化与高士图》云："所谓高士，盖指博学鉴才、品行高尚、超脱世俗之人，多指隐居山野田园之雅士。"在中国传统绘画中，高士题材是人物画的重要题材之一，在历代国画中，有不同风格的高士图。高士这一群体自古以来一直备受文人和画家的喜爱和赞扬，绘画中的高士形象，有的是有名姓的历代贤达或传说中的高人逸士，有的则无名无姓，只是画家心中理想的高士形象。

高其佩指画《高士图》中，二位高士于清幽雅致的山林中席地而坐，似在饮酒，又似在对弈，他们不以尘世为念，幽独清高，自甘淡泊，随性自然，过着欢喜随心的幽隐生活，抒发了作者祈望摆脱尘世的喧扰束缚，让生命回归自然的理想追求。高其佩曾有过腾达的经历，但终因不堪忍受宦海浮沉而远离官场。该图所绘内容不仅反映了高其佩对古代高士的仰慕之情，更反映了其避世、隐逸，向往世外桃源生活的思想。

该画作在表现技法上也独具特色。人物面部用尖指甲细勾，眼睛和睫毛用小指，点眼珠用指头，寥寥数笔勾画出人物眉目，简练传神；人物衣褶、藤蔓枝条、山石轮廓等线条，指头、指甲并用，或轻或重，顿挫有致，既拙又活，似是而非，奇趣天成。指画之奇效奇趣就在于"所画种种，常常出乎意料，得到似生非生、似拙非拙、似能非能，以及意到指不到、神到形不到、韵到墨不到的好处"。清张庚在《国朝画征录》中说："高且园善指头画，画人物，花木，鱼龙，鸟兽，天姿超迈，奇情逸趣，信手而得，四方重之。"1991年夏，徐无闻先生带研究生来我馆调研古代书画，在观赏了高其佩的这幅《高士图》后，由衷赞叹："真、精、新！"该画作构图新奇，意趣天成，技法简朴古拙，运指施墨恰到好处，实为高其佩指画精品。

杨仁恺在《高其佩》一书中指出："（高其佩）标题材之新，立结构之异，对当时和后来绘画艺术都有一定影响。"高其佩专事指画创作50多年，山水、人物、花鸟无不精妙传神，其一生创作了大量的指画精品，深受世人的喜爱而风行全国，从而开创了清初画坛中一个独特画派。当时，受高其佩的感召和新画风影响的画家，有名可查的不下数十人，至清晚期著名的指画家已有100多人。据李放《绘境轩读画记》载："因辑国朝之工此艺者，为《指头画人录》一卷。自高且园、朱涵斋起，至女史观生阁主人止，不下百人，可谓盛矣。"连当时画坛怪杰扬州八怪中的李鳝、黄慎、罗聘等也受其影响，染指作画。曾主持并参与校印过《红楼梦》的程伟元，也受高其佩的影响学习指画。还有不少既工毛笔画又擅指画者，就著录可见及见于画迹的有蔡兴祖、刘锡玲、俞珽、觉罗西密、杨阿、吴宏谟、刘其侃、吴振武等数十人，这些画家都为指画的发展和兴盛作出了重要的贡献。

（郑嘉凤）

粉彩百鹿瓷尊

百鹿吉祥 瑞兽独尊

粉彩瓷器是彩瓷的一种，其是在康熙五彩的基础上受珐琅彩制作工艺的影响而创制的一种釉上彩新品种。这件粉彩百鹿尊，通体施白釉绘粉彩百鹿图，形态各异的百鹿奔跑追逐嬉戏于松林、流水、山石之间，姿态各异，栩栩如生，是难得一见的仿乾隆时期百鹿尊的精品。

尊，是一种形似瓶的容器，通常为敞口、折沿、圆腹。

在新石器时代各文化遗址中均出土有尊，多为陶质，器身饰有各种印纹，大多为实用器，也有用于祭祀。商代以后尊的形制稍有变化，侈口、粗颈、折肩、俭腹，底足也相对抬高，并出现了原始瓷制品，如安阳博物馆收藏的一件 20 世纪 50 年代在安阳殷墟遗址出土的商代淡黄釉原始瓷尊。该器以高岭土作胎，胎骨灰白，质地坚硬细腻，侈口、折肩、深腹、弧壁下收，至底内凹，口沿及肩部施淡黄色釉，釉面光亮、莹润，器表遍饰麻布纹，烧成温度在 1200 摄氏度左右，渗水性弱，用手轻轻叩击，可发出清脆的金石之声，已完全具备了瓷器的基本特征，是中国陶瓷史上一个新的里程

粉彩百鹿瓷尊

清（1616—1911）

高46厘米，口径16厘米，底径25厘米

馆藏

碑。南北朝时期，尊的器形变得修长端庄，器身纹饰也复杂化，如中国国家博物馆收藏的1948年出土于河北省景县封氏墓的北朝青釉仰覆莲花尊，侈口、长颈、溜肩、长圆形腹、高圈足，器身纹饰整齐细腻，上呼下应，富丽堂皇。到了北宋中后期，尊的功用渐生变化，其用于陈列装饰的功用已超过实用性，如汝窑的三足尊、出戟尊。元代以后，尊基本上已无任何实用功能了。清代景德镇烧制了许多类型的尊，有苹果尊、鱼篓尊、石榴尊、太白尊、马蹄尊、络子尊、萝卜尊、观音尊、牛头尊、海晏河清尊等等，均是陈列装饰用品，完全脱离了实用器的范畴。民间区分尊和瓶，一般是视器物口与足的比例来判定的：口大足小称为尊，口小足大称为瓶。当然，这只是民间的说法，其实并不尽然，如清代康熙时期的豇豆红釉莱菔尊、太白尊就与一般的瓶无二致，只不过器形较为特殊一点罢了。

安阳博物馆收藏的这件清代粉彩百鹿瓷尊，通高46厘米，口径16厘米，底径25厘米，腹径36厘米，深43厘米，直口、溜肩、垂腹，带

粉彩百鹿瓷尊（局部）　　　　　　　　　　　　　　　　　　粉彩百鹿瓷尊（局部）

圈足，肩附两夔耳。尊的底部有"大清乾隆年制"六字青花行书款。这件百鹿尊，胎体厚薄均匀，釉色青白，通体施白釉绘粉彩百鹿图，形态各异的百鹿奔跑追逐嬉戏于松林、流水、山石之间，有的相互依偎，有的伏地休息，姿态各异，栩栩如生，神态造型无一重复，并衬以花草等景物，绘工十分精巧。画面中的山石、松针柏叶、绿地等多用绿彩绘就，色彩浓厚，而鹿身、松柏树干等多涂抹赭红彩。如果将瓷尊上的图案展开，则无异于一幅优美的山水画卷，整幅画卷布局疏密得当，描绘细致入微，立体感较强，令人赏心悦目。此器硕大厚重，造型别致，纹饰吉祥，色彩艳丽，层次分明，花纹细致，为光绪年间仿乾隆时期百鹿尊的精品。

　　百鹿尊的内容与清代一种重要的军事练兵活动"木兰秋狝"相关。"木兰"为满语，意为"哨鹿"，"秋狝"指秋天打猎。公元 1681 年，清康熙帝在河北北部开辟了一个面积广阔的皇家猎场——木兰围场，其水草丰茂，森林茂密，草原辽阔，栖息繁衍着许多野生动物，康熙帝每年秋天都要率领王公大臣和八旗士兵去木兰围场狩猎，史称秋狝。秋狝的主要猎物便是栖息在木兰围场的梅花鹿、麋鹿等。有趣的是，清朝皇帝并不滥猎，而是命令狩猎者遇到母鹿和小鹿须放生，并在狩猎包围圈留下缺口，以便部分猎物得以逃生。狩猎练兵持续一段时间后，大臣们会为逃跑的猎物请命，请求皇帝准许它们繁衍生息。随后，大队人马撤离，狩猎活动结束。实际上，秋狝的目的是以狩猎的方式进行军事演习。从 1681 年到 1820 年的 140 年间，康熙、乾隆、嘉庆皇帝先后到围场练兵多达百余次，乾隆皇帝对木兰秋狝甚为重视，还命宫廷画师把实况记录下来。除秋狝以外的其他时间里，皇家猎场中的鹿群生活得自由自在、无拘无束，这件粉彩百鹿尊描绘的就是群鹿在山间自由生活嬉戏的场景。

百鹿尊大多烧制于江西景德镇，是特意为宫廷烧制的装饰瓷器。乾隆时期，景德镇的工匠根据宫廷画家描绘的皇家猎场群鹿生活场景，把群鹿形象烧制到瓷尊上，画面雍容典雅而又清新悦目，充分体现了这一时期粉彩瓷器的精湛工艺。细观这件瓷尊上的群鹿，鹿毛的质感通过明暗对比、色彩参差得以表现，百态悉备，生动传神，应为西洋绘画的技巧。而画面中山石的画法则遵循中国传统山水皴法绘画的笔意，这与乾隆时期清宫院画特有的中西合璧的绘画风格特征相符。由此也证实了此图案应是以当时宫廷画家所绘样稿为原型。

粉彩是彩瓷的一种,其是在康熙五彩的基础上受珐琅彩制作工艺的影响而创制的一种釉上彩新品种。它的特殊之处在于制瓷工匠在彩绘的时候加入了一种名为玻璃白的含砷化合物,由于砷的化学特性,玻璃白有不透明的感觉,而彩料就施于这层玻璃白之上。粉彩所用的颜色由于掺入粉质,有柔和的感觉,它与其他色彩相融合之后便产生了粉化效果,获得一系列深浅浓淡不同的色调,给人粉润柔和之感,因此被称为粉彩。又因为粉彩一般在炉内以700摄氏度左右的温度烧成,比起五彩的烧成温度要低,其烧成后色彩在感觉上也要比五彩柔和,所以又有"软彩"之称。粉彩是中国瓷器里一个重要的工艺类型,创烧于清康熙晚期,雍正、乾隆时期得到了很大的发展。雍正时期的粉彩瓷器主要是釉上彩,在一次烧成型的瓷胎上再进行第二次彩绘,其做工精细,效果具有国画的风格,色彩丰富,层次分明,颜色绚烂,表现力强。由于粉彩瓷器画工精致,所以较大的瓷器很少。

乾隆是对制瓷艺术追求较高的皇帝,清宫档案记载,乾隆皇帝经常直接过问宫内制瓷工作,对官窑瓷器的用途、形状、纹饰等十分关注,许多重要的瓷器在烧造之前必须呈画样或木样交乾隆审定后才能交景德镇御窑厂烧制。根据《清宫内务府造办处活计档》记载:乾隆三年六月二十五日,乾隆皇帝下发153件瓷样,让督陶官唐英烧造。其中就有百鹿尊,但这次乾隆要求:"洋彩百禄双耳尊一件,照样烧造不要耳子。"由此可见,乾隆皇帝对百鹿尊的烧造颇费心思。乾隆年间的百鹿尊的确有"不要耳子"的，日本静嘉堂美术馆就藏有一对。但是，后来清宫造办处的档案中，再也未见乾隆皇帝提"不要耳子"之事，说明他通过比较，接受了装饰双耳比"不要耳子"更为美观的事实。于细节处见精神，可见乾隆皇帝对于百鹿尊多么重视！这件事，也是乾隆皇帝直接督导设计瓷器的一个典型例证。

清代瓷器纹饰基本奉行着"图必有意，意必吉祥"的原则。在古人心目中，鹿是一种瑞兽，认为它有祥瑞之兆，尤其宋以后，借"鹿"与"禄"的谐音，以象征福禄常在，人们经常借"鹿"与"禄"的谐音制作出鹿造型的工艺品，以取其吉祥的寓意。安阳博物馆收藏的这件百鹿尊，百鹿即百禄，寓意荣禄百来，福禄双全，因而人们又称其为百禄尊。另外，这件百鹿尊上，还绘有象征长寿的参天松柏，象征欢喜的奔腾溪流。一件瓷器，将"福禄寿喜"之类的吉祥符号完美地集于一身。由于寓意吉祥，景德镇先后烧制了许多粉彩百鹿尊，它们大多图案相近，画工细腻，工艺精湛，不但是皇家尊贵地位的显示，也充分体现了瓷器制造的时代风貌和技法水平。

由于粉彩百鹿尊地位尊贵，乾隆以后至现当代都有大量仿制品。不同年代的粉彩百鹿尊，在微妙的差别之间，可以读出不同的时代韵味。应该说，粉彩百鹿尊在一百多年间，延续的不仅是一种工艺，更是一种精益求精的工匠精神。十九世纪三四十年代，百鹿尊的设计又兴盛起来，与乾隆时期的图案高度一致。当时，御制瓷的制作标准开始下降，但百鹿尊在同时期的瓷器中是制作工艺最好的。19世纪末，也就是清光绪年间，这种瓷器更加兴盛。

百鹿尊不但造型独特，画面描绘亦十分精细，纹饰虽繁缛，布局却疏密有秩。更令人称道的是，其装饰效果虽华丽富贵，却又清新不俗。乾隆粉彩百鹿尊作为乾隆一朝粉彩烧制的宫廷陈设器，是我国制瓷历史上无法磨灭的经典之作，也代表了一个时代的烧造工艺顶峰。

（刘元培）

清代八位状元书法珍品

状元翰墨永飘香

中国古代，科举取士非常重视士子的书法造诣，至清代，书法的优劣甚至关系到士子的科第名次。安阳博物馆珍藏的清代八位状元的墨宝均具有较高的艺术价值，是研究清代书法不可多得的珍贵资料。

　　书法是中华民族传统文化艺术中的瑰宝。中国古代，科举取士非常重视士子的书法造诣，至清代，书法的优劣甚至关系到士子的科第名次。由于清代皇帝大多喜爱书法，上有所好，下必甚焉，清代状元大多书法造诣深厚。安阳博物馆珍藏有清代八位状元的书法力作，其中包括乾隆时期状元于敏中、嘉庆时期"三元及第"陈继昌、咸丰时期状元孙家鼐、中国最后一位状元刘春霖等，他们的书法均具有较高的艺术价值，且现状保存较好，是研究清代书法不可多得的珍贵资料。

于敏中行书七言联

一、于敏中行书七言联

于敏中（1714—1780），字叔子，一字重棠，号耐圃，江苏金坛人。乾隆二年（1737）丁巳科状元，与其堂兄于振合称"兄弟状元"。于敏中出身名门，年少夺魁，办事周详，不久便成为军机重臣。他文思敏捷，熟悉各类掌故，而且精通汉、满、蒙、梵多种语言文字，才智过人，曾任《四库全书》正总裁，参与编纂过多部宏伟巨著。于敏中官至文华殿大学士兼军机大臣，在乾隆朝为汉臣首揆执政最久者，在政坛、文坛上成就斐然。其擅长翰墨，书风近赵、董，擅长行书和楷书，书法清秀洒脱。卒谥文襄。著有《临清纪略》等。

安阳博物馆珍藏的这副于敏中行书七言联，纵146.5厘米、横28厘米，黄绢本。正文为："云带花香侵锦幕，鹤衔芝草上瑶阶。"署款："金坛于敏中。"款下钤作者印二：朱文"于敏中印"，白文"耐圃"。上联右上有长方形引首印：白文"敬事慎言"。

该联为于敏中自撰诗联，细读联文，不觉间让人犹如进入美妙的画境中，云彩夹带着花香渐渐侵入锦制的帐幕，仙鹤衔着灵芝草飞上石阶，意境恬淡，寓意吉祥如意。"敬事慎言"为作者闲文印，也是作者对自己的要求，作为臣子必须恭敬奉事、谨言慎行，才能在复杂的官场中立足。书作结体端庄，点画厚实，线条舒畅，运笔酣畅圆润，点画遒劲，出入赵、董。

二、陈继昌行书轴

陈继昌（1791—1856），字哲臣，号莲史，广西临桂县横山人。陈继昌是乾隆朝著名宰相陈宏谋的玄孙，嘉庆二十五年（1820）状元。因其在乡试中为第一名解元，会试中为第一名会元，同科殿试又为第一名状元，连中三元。在清代，实现"三元及第"者只有两人，第一位是乾隆年间的钱棨，第二位即陈继昌。自隋唐开科取士1300多年来，陈继昌是第13位荣获"三元及第"者，同时他也是科举制度最后的一名"三元及第"者。韦湘秋、黄强祺在《我国最后的第十三个三元及第陈继昌》一文中记载："陈继昌对此甚为得意，他的书联图章就刻有'古今科第名次十三'等字，以记不忘。"安阳博物馆所藏陈继昌行书轴款印也印证了这一点。陈继昌

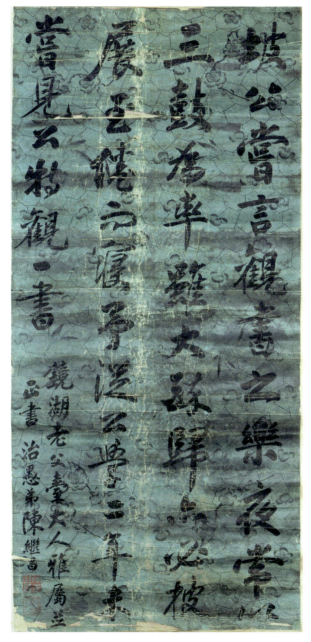

坡公嘗言觀書之樂夜常以
二鼓為準難大醉必披
展玉徹及寝雖云豐之一年來
當見云霧觀一書

鏡湖老父臺大人雅屬並
書 治愚弟陳繼昌

陈继昌行书

诗文、书法均造诣很高，有《如话斋诗稿》等传世。"陈继昌考取状元后，多任外放官，他办事公正廉明，做了许多兴利除弊、促教兴文的事情，尤以兴修水利，深得民心。"

安阳博物馆珍藏的这件陈继昌行书轴，纵125厘米、横58厘米，蓝宫笺纸本，凡4行，共59字。正文为："坡公尝言：'观书之乐，夜常以三鼓为率，虽大醉归，亦必披展至倦而寝。'予从公学二年，未尝见公特观一书。"署款："镜湖老父台大人雅属并正书，治愚弟陈继昌。"钤款印二：白文"陈继昌印"，朱文"古今科第名次十三"。

该作内容乃节录宋朝文学家何薳的《春渚纪闻》之《卷六·东坡事实·著述详考故实》。陈继昌节录的这段内容，不仅反映了苏东坡良好的读书习惯，也体现了他非常认同苏东坡勤奋读书、博览群书，并乐在其中的精神。从书作款识和款印来看，创作时间应为陈继昌平步仕途之后的中年时期。该作主体为行书，署款则是行中兼楷。陈继昌自幼习练书法，广摹古人法帖，其"楷法秀劲，出入欧、黄、米诸家"，行书远宗颜鲁公，师承赵、董。该作落笔沉实稳健，章法严谨，结体端庄凝重，风格婉丽端秀，雍容大度，有大家风范。

三、孙家鼐行书轴

孙家鼐（1827—1909），字燮臣，号蛰生、容卿，又号澹静老人，安徽寿州（今安徽寿县）人。咸丰九年（1859）32岁时高中状元，官至武

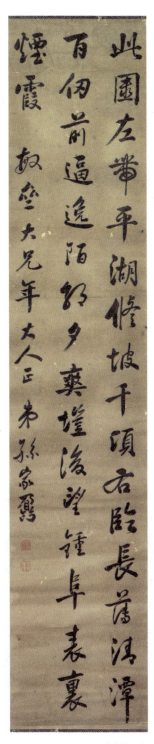

此園左畔平湖修坡千頃右臨長蕩洱潭
百侗前逼逸陌斜夕爽壇後望鍾阜表裏
煙霞

叔峯大兄年大人正弟孫家鼐

孙家鼐行书

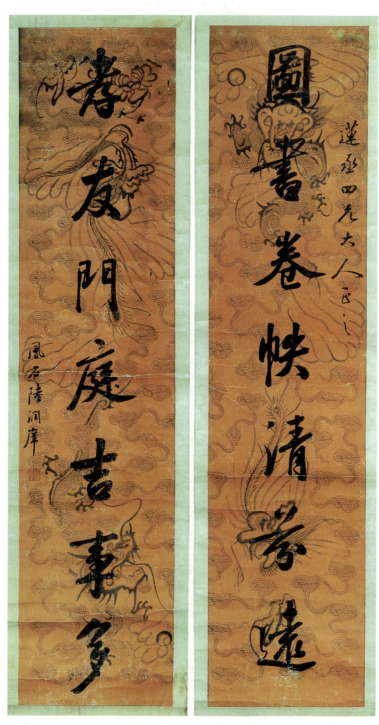

图书卷快清芬远

孝友门庭书事多

莲丞四兄大人正

凤石 陆润庠

陆润庠行书七言联

英殿大学士、资政院总裁、太子太傅，显赫一时。"1898 年 7 月，担任管理京师大学堂事务大臣(也称管学大臣)、协办大学士，创办京师大学堂。"在积极办学、关注教育的同时，孙家鼐还十分注重民族经济的发展，1906 年，孙家鼐与安阳人马吉森联合在安阳创办了广益纱厂，有力推动了棉纺织业的发展。1909 年病逝，谥号文正。

孙家鼐书法作品传世很多，其中多为楷书，但由于他政绩斐然，书法之名被其辉煌的政绩所掩。安阳博物馆珍藏的这幅孙家鼐行书作品，纵 125 厘米、横 25 厘米，冷金纸本，凡 3 行，共 46 字。正文为："此园左带平湖，修坡千顷；右临长薄，清潭百仞；前逼逸陌，朝夕爽铠；后望钟阜，表里烟霞。"署款："敏斋大兄年大人正，弟孙家鼐。"钤款印二：白文"孙家鼐印"，朱文"燮臣"。

该作内容出自南朝梁张缵的《谢东宫赉园启》。孙家鼐书宗赵、董、苏等书法大家，近学浓墨宰相刘墉，所书用墨厚重，结字稳妥，温润敦厚，意趣清醇。

四、陆润庠行书七言联

陆润庠（1841—1915），字凤石，号云洒、懋修子，又号固叟，江苏元和（今江苏苏州）人。陆润庠出身书香门第，少时即熟读经书，并能辨声韵。同治十三年（1874）甲戌科状元，历任国子监祭酒、山东学政、内阁学士、工部尚书、吏部尚书等职。辛亥革命后，留在清宫，任溥仪的老师。民国四年（1915）病逝，逊清追赠其为"太子太傅"，谥文端。

陆润庠幼年便开始学书，擅行、楷。"陆润庠的题墨笔力劲峭、水墨淋漓，在清末民初即被视为珍品。"安阳博物馆珍藏有陆润庠3件行书作品，尤以行书《"图书、孝友"七言联》为精。该作纵127厘米、横30厘米，红宫笺纸本。正文为："图书卷帙清芬远，孝友门庭吉事多。"上款："连丞四兄大人正之。"下款："凤石陆润庠。"钤款印二：白文"陆润庠印"，朱文"甲戌状元"。

该书联意为，诗书画卷散发的清香会流传很远，孝顺父母、兄友弟恭的家庭吉事一定很多。其书意近欧阳询、虞世南，用笔扎实深沉，结体端庄妍美，清雅劲健，显示出深厚的书法功力。

五、王仁堪行书七言联

王仁堪（1848—1893），字可庄，又字忍盦，号公定，福建闽县（今福建福州市）人。光绪三年（1877）丁丑科状元，督山西学政，历典贵州、江南、广东乡试，入直上书房。赵尔巽《清史稿》之《循吏四·王仁堪传》载："时俄罗斯索伊犁，使臣崇厚擅定条约，仁堪与修撰曹鸿勋等合疏劾之。"他在镇江任上3年，坚持以实心行实政，兴修水利、兴学设教，遗爱在民，以致积劳成疾，在转任苏州知府不足3个月后即因病离世，年仅46岁。镇江当地百姓听闻噩耗后无不唏嘘哭泣，更有乡绅联名上奏朝廷请于国史馆立传。"王仁堪虽然官不过知府，寿不满五十，但他的品德、政声、文

習勤能使一身振

悟道須教雜念清

紹周二兄大人正之

可莊王仁堪

王仁堪行書七言聯

章、书法都名重一时，可谓不负状元的尊贵称号。"

王仁堪不仅是勤政爱民的典范，且工文善书，书宗欧、褚，名称一时，所作楷书《千字文》帖，向为学书者的临摹范本。安阳博物馆珍藏的这副王仁堪行书七言联，纵129厘米、横29厘米，粉宫笺冷金纸本。正文为："习勤能使一身振，悟道须教杂念清。"上款："绍周仁兄大人正之。"下款："可庄王仁堪。"钤款印二：朱文"可庄"，白文"王仁堪印"。

该作上款中"绍周"二字有涂改痕迹，且"绍周"二字的写法与他字不同，疑为后人涂改。书联"习勤能使一身振，悟道须教杂念清"是一句人生格言。其书法，内敛劲挺，清劲秀逸。

六、赵以炯行书七言联

赵以炯（1857—1906），字鹤林，号仲莹，贵州贵阳人。光绪十二年（1886）丙戌科状元，为科举制度创立以来，云南、贵州两省高中状元第一人，曾任四川乡试副考官、提督广西学政、顺天考官。工书，书学颜、柳。

安阳博物馆珍藏的这副赵以炯行书七言联，纵126厘米、横30.5厘米，红宫笺冷金纸本。正文为："闻常言辄有至理，爱别致便非本心。"上款："钟毓仁兄大人法正。"下款："赵以炯书。"款印二：白文"赵以炯印"，朱文"丙戌状元"。

书联"闻常言辄有至理，爱别致便非本心"，出自何绍基集《争坐位帖》字联。该作书出颜、柳，骨体洞达，刚健峻拔。

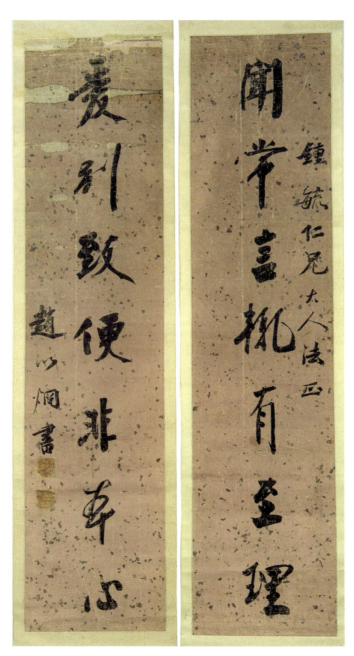

闻常言概有至理

震别致便非车心

钟毓仁兄大人法正

赵以炯书

赵以炯行书七言联

七、张謇行楷七言联

张謇（1853—1926），字季直，又字处默，号啬庵，晚号音翁，江苏通州（今南通）人。光绪二十年（1894）甲午科状元。张謇是中国近代史上功名卓著的实业家和教育家，曾任中华民国实业总长，以实业救国、教育救国为己任，在诸多方面均有建树。有《张季子九录》《张謇函稿》等行世。

张謇不仅在教育和实业等方面负有盛名，在书法上也建树卓著。张謇科举出身，有深厚的书法功底，擅行、楷，书宗颜、欧，笔取中锋。据张孝若《南通张季直先生传记》载，张謇认为"写字最要结体端正、平直，决不可怪，更不可俗"。安阳博物馆珍藏的这副张謇行书七言联，纵130厘米、横32厘米，红宫笺纸本。正文为："十亩苍烟秋放鹤，一帘凉月夜横琴。"上款："东圃仁兄大人雅正。"下款："张謇。"款印二：白文"张謇之印"，朱文"甲午状元"。

该联诗文出自清朝晚期凤阳知府杨沂孙，意境优美。该作结字工稳，用笔灵动，行、楷相兼，温润平和，柔中带刚，雏鸾馆阁，但具己貌，堪称佳构，为张謇行楷书代表作，表现出张謇深厚的书法造诣。

八、刘春霖行书八言联

刘春霖（1872—1942年），字润琴，号石筼，别号雨山、离唐、蒙谷老人，直隶（今河北省）肃宁人。光绪三十年（1904）甲辰科状元，也是中国科

十卧蒼煙秋放鶴

一簾涼月夜橫琴

東圃仁兄大人雅正

張謇

张謇行楷七言联

古氣肉人風生列坐

翰臣仁兄鄉大人正

幽懷在己目暎清流

河間劉春霖

刘春霖行书八言联

举历史上最后一位状元。曾任直隶高等学堂监督。

刘春霖自幼习练书法，功底深厚，擅行、楷，尤以小楷为著，有小楷册页出版，在民国影响深远。时有"大楷学颜（颜真卿）、小楷学刘（刘春霖）"之说。据王清平、王德彰《第一人中最后人（上）——末科状元刘春霖轶事》载：刘春霖"在考中状元前，他就给清朝宫廷慈禧太后抄写过佛经，曾得到慈禧太后的赞许和赏赐"。刘春霖书法造诣很高，可他并不满足，经常对人说："要说正楷书法，还是首推老前辈陆凤老（陆润庠），行书是以潘龄皋老翰林为佳。"刘春霖在书法上的追求与人品由此可见一斑。

这副刘春霖行书八言联，纵190厘米、横47.5厘米，红宫笺纸本。正文为："古气向人风生列坐，幽怀在己日映清流。"上款："翰臣仁兄大人正。"下款："润琴刘春霖。"钤款印二：白文"刘春霖印"，朱文"甲辰状元"。

书联"古气向人风生列坐，幽怀在己日映清流"，为集王羲之《兰亭序》字联。上款"翰臣"二字以楷法书写，体现了刘春霖对所赠对象的尊重。该作书宗二王、欧、虞，用笔精健，挺拔有力，风骨清劲秀逸，应为刘春霖盛年时期的代表性作品。

纵观清代乾隆至光绪年间八位状元的书法，书风一脉相承，多以二王、欧、褚、颜、柳、赵、董等人的书体为取法对象，书体乌黑亮丽、方正光洁，具有馆阁体韵，这是时代特性使然。馆阁体是清代科举取士对书法的要求，士子想要考中状元必须练就中规中矩的馆阁体，这也是状元书法风格相近的原因。尽管如此，许多状元在书法上也有不同的追求与创新，有的甚至自成一家，对后世影响很大。安阳博物馆珍藏的清代状元书法均展现出深厚的功底，尤以陆润庠、王仁堪、张謇和刘春霖的书法造诣为高。陆润庠的书法为清代"三绝"之一，他的作品在清末民初就被视为珍品；王仁堪的楷书向为学书者临摹的对象；张謇虽书出馆阁，但风格独具，后人称其为同光间第一；刘春霖小楷造诣极高，影响深远。他们的墨宝，韵味独特、清香四溢，不失为清代书法艺术宝库的珍品。

（郑嘉凤）